Fußballtraining

 **So wirst du zum Superkicker!**

DK
DORLING KINDERSLEY

DORLING KINDERSLEY
London, New York, Melbourne, München
und Delhi

Projektbetreuung Alexander Cox
Gestaltung Sadie Thomas

Fotos Bill Ling
Herstellung Sean Daly, Claire Pearson
Projektleitung Bridget Giles
Art Director Martin Wilson
Creative Director Jane Bull
Programmleitung Mary Ling

Fachliche Beratung Alan Ackrell

Für die deutsche Ausgabe:
Programmleitung Monika Schlitzer
Projektbetreuung Manuela Knetsch
Herstellungsleitung Dorothee Whittaker
Herstellung und Covergestaltung Anna Ponton

Bibliografische Information Der Deutschen Bibliothek
Die Deutsche Bibliothek verzeichnet diese Publikation in der
Deutschen Nationalbibliografie; detaillierte bibliografische Daten
sind im Internet über http://dnb.ddb.de abrufbar.

Titel der englischen Originalausgabe: How to Football

Übersetzung Thomas Staender
Lektorat Hans Kaiser

ISBN 978-3-8310-2024-9

Colour reproduction by MDP, UK
Printed and bound in China by Toppan

Besuchen Sie uns im Internet
www.dorlingkindersley.de

Inhalt

> **FUSSBALL** kann man *überall* spielen. Und es ist egal, ob man groß oder klein, alt oder jung, ein Junge oder ein Mädchen ist. Fußball macht immer **SPASS!** "

Hinweise zum Gebrauch

Dieses Buch enthält eine Menge cooler Tipps. Auf jeder Doppelseite erfährst du etwas über ein bestimmtes Thema, z. B., wie man Pässe richtig spielt.

Das Basiswissen findest du in den orangefarbenen Kästchen.

Die Laufwege von Spielern sind in der Farbe ihres Trikots dargestellt.

Schwierigkeitsgrade 1–4 (leicht bis schwer)

Den Weg des Balls zeigt ein orangefarbener Pfeil.

Übung macht den Meister ...

Manche Spieltechniken kannst du mit deinen Freunden üben. Hier sind die Erklärungen zu den Symbolen in den Anleitungen:

Weg des Balls

Spieler

Laufweg des Spielers

Hütchen

Richtung, die der Ball nehmen soll

Spielfeld

Worauf wartest du noch? Los geht's!

Vor dem ANPFIFF

FUßBALL ist ein schnelles und abwechslungsreiches Spiel. Du musst laufen und sprinten, Pässe spielen, den Ball verteidigen und Tore erzielen. Doch bevor es losgeht, solltest du einiges über die Ausrüstung, das Spielfeld und die Spielregeln wissen. Und vor dem Training ist richtiges Aufwärmen angesagt.

Ausrüstung

Was braucht man zum Fußballspielen? Eigentlich nur einen Ball.
Doch wenn du in einer Mannschaft spielst oder gar Profi
werden willst, brauchst du
noch einige andere Dinge.

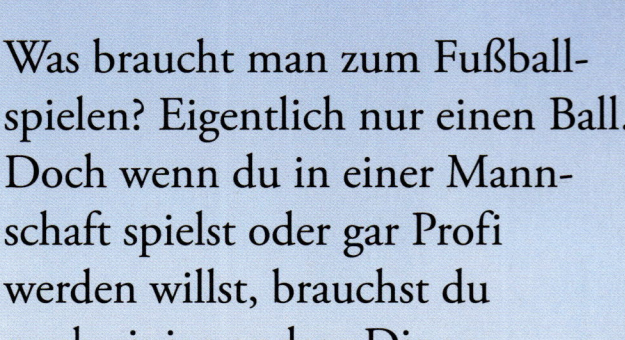

Trikot, Hose, Stutzen

Alle Spieler einer Mannschaft tragen eine einheitliche
Spielkleidung in den Vereinsfarben. So kann man die
beiden Teams gut auseinanderhalten. Profimannschaften
haben sogar drei verschiedene Trikots. Eines für
Heimspiele, eines für Auswärtsspiele und ein
Ausweichtrikot für den Fall, dass die
Teams sonst schlecht zu
unterscheiden wären.

Rückennummern

Früher trugen die Spieler einer Mannschaft die Rücken-
nummern 1 bis 11. Heute erhält jeder Spieler eines
Kaders eine feste Rückennummer. Manche Spieler tragen
gern hohe oder auffällige Nummern wie 88 oder 99.

Fußbälle

Es gibt viele verschiedene Arten
von Fußbällen:

Größe 4

Größe 5

Umfang
63,5–66 cm

Umfang
68–70 cm

Hallenfußball
mit einer weichen
Oberfläche

*ÜBUNGSBALL
Kleiner Ball für das
Spezialtraining*

*HANDSCHUHE
Beschichtete
Handflächen
sorgen für einen
sicheren Griff.*

Der Torhüter

Damit man den Torhüter von den Feldspielern
besser unterscheiden kann, trägt er eine anders-
farbige Spielkleidung. Pullover und Hose sind
gepolstert, damit er bei Paraden geschützt ist.
Manche Torhüter tragen auch lange Trainings-
hosen, vor allem im Winter, damit ihnen nicht
kalt wird.

Schienbeinschoner

Sehr wichtig ist, dass man auch beim
Training immer Schienbeinschoner trägt,
um vor Tritten geschützt zu sein.
Manche Schienbeinschoner haben
zusätzlich auch einen
Knöchelschutz.

Fußballschuhe

Fußballschuhe schützen deine Füße und
geben dir Halt auf dem Rasen. Es gibt drei
Arten von Schuhen: Schuhe mit Schraubstollen,
mit Nockenprofil und Trainingsschuhe.

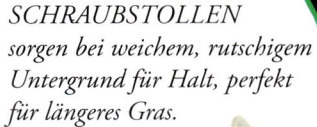

*TRAININGSSCHUHE eignen
sich für harten Untergrund oder
Kunstrasen und nur fürs Training.*

*SCHRAUBSTOLLEN
sorgen bei weichem, rutschigem
Untergrund für Halt, perfekt
für längeres Gras.*

*NOCKENSCHUHE sind ideal
für harte Naturböden, kurzen
Rasen oder Kunstrasen.*

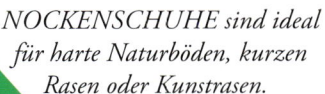

Das Spielfeld

Die Ausrüstung hast du bereits. Was du nun noch brauchst, ist ein Platz, auf dem du spielen kannst: das Spielfeld. Es ist in zwei Hälften unterteilt, die jeweils die gleichen Linien und Markierungen haben. Am Ende jeder Hälfte steht ein Tor. Wenn richtige Ligaspiele auf dem Spielfeld ausgetragen werden, muss es bestimmte Ausmaße besitzen.

GESTÄNGE   PFOSTEN

NETZ   LATTE

Viele Fußballklubs beschäftigen einen Platzwart, der sich um das Spielfeld und den Rasen kümmert.

Was du über das Tor wissen musst

Ein normales Fußballtor ist beachtliche 7,32 m breit und zwischen der Torlinie und dem Querbalken (Latte) immerhin 2,44 m hoch. Im Kinder- und Jugendfußball sind die Tore (und die Spielfelder) jedoch kleiner.

Zuschauer

Die Zuschauer verfolgen das Spiel von den Tribünen aus. In großen Fußballstadien gibt es Sitzplätze für Zehntausende von Fans. Das Ellis Park Stadion (unten) in Südafrika ist die Heimatarena der Orlando Pirates. Es hat 62 500 Sitzplätze.

TOR Das Tor befindet sich in der Mitte der Torlinie.

ECKKREIS
In dem Viertelkreis um die Ecke muss der Ball beim Eckstoß liegen.

TORLINIE
Rollt der Ball zwischen den Torpfosten über diese Linie, gibt es Tor – ansonsten Eckstoß oder Abstoß.

ECKFAHNE
Die Eckfahne steht dort, wo sich Seiten- und Torlinie treffen.

SPIELUNTERLAGE
Meistens wird auf Rasen gespielt. Es gibt auch Kunstrasen-, Asche- und Hartplätze.

STRAFRAUM
In dieser Zone darf der Torhüter den Ball in die Hand nehmen.

MITTELLINIE
Die Mittellinie teilt das Spielfeld in zwei gleich große Hälften. Nach der Halbzeitpause tauschen die beiden Mannschaften die Seiten.

ANSTOSSPUNKT
Vom Anstoßpunkt werden beide Halbzeiten begonnen. Nach jedem Tor wird hier der Anstoß ausgeführt.

SPIELFELDGRÖSSE
Die Breite des Spielfelds muss für nationale Spiele zwischen 45 und 90 m betragen und es muss zwischen 90 und 120 m lang sein. Kinder- und Jugendmannschaften spielen auf kleineren Spielfeldern.

MITTELKREIS
Innerhalb dieses Kreises darf beim Anstoß eines Teams kein Spieler der gegnerischen Mannschaft stehen.

SEITENLINIE
Die Seitenlinien begrenzen das Spielfeld zu den Seiten hin. Wenn der Ball diese Linie überschreitet, erhält die Mannschaft einen Einwurf, die den Ball nicht zuletzt berührt hat.

STRAFRAUMKREIS
Bei einem Strafstoß müssen die Spieler hinter dieser Linie bleiben.

ELFMETERPUNKT
Wenn ein Angreifer innerhalb des Strafraums gefoult wird, gibt es einen Strafstoß. Dieser wird vom Elfmeterpunkt geschossen, der 11 m von der Torlinie entfernt ist.

TORRAUM
Wird auch als Fünfmeterraum bezeichnet. Von hier aus erfolgt der Abstoß.

Spielpositionen

Ein Fußballteam hat elf Spieler – einen Torhüter und zehn Feldspieler. Sie nehmen im Spiel bestimmte Positionen ein und erfüllen unterschiedliche Aufgaben.

TH TORHÜTER

Der Torhüter ist der letzte Abwehrspieler. Er hütet das Tor und darf den Ball im Strafraum in die Hände nehmen.

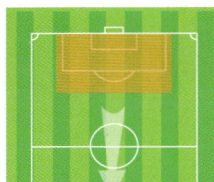

		Spielzone auf dem Feld
REFLEXE	★★★★	
STELLUNGSSPIEL	★★★★	
ZWEIKAMPF	★★	
KOPFBALL	★	
PASSEN	★★★	
SCHIESSEN	★	
AUSDAUER	★★	

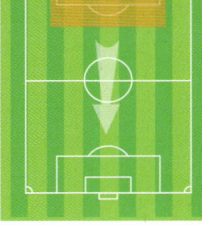

⭐ **TORE VERHINDERN** – Ein Torhüter muss den Ball auch in brenzligen Situationen abwehren, indem er ihn fängt, faustet oder mit dem Fuß klärt.

Lew Jaschin (Russland) Jaschin spielte von 1949 bis 1971. Sein Spitzname war „Schwarze Spinne". Er besaß ein großartiges Reaktionsvermögen.

V VERTEIDIGER

Ein Verteidiger spielt vor dem Torhüter und nimmt den angreifenden Spielern den Ball ab, damit diese kein Tor erzielen.

		Spielzone auf dem Feld
REFLEXE	★★	
STELLUNGSSPIEL	★★★★	
ZWEIKAMPF	★★★★	
KOPFBALL	★★★★	
PASSEN	★★★	
SCHIESSEN	★	
AUSDAUER	★★★	

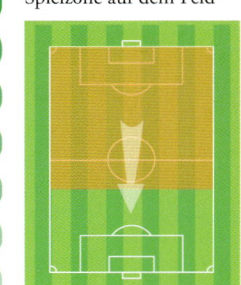

⭐ **GEGNER BEWACHEN** – Ein Verteidiger muss den angreifenden Spieler decken, ihn am Torschuss hindern und den Ball erobern.

Franco Baresi (Italien) Baresi spielte von 1977 bis 1997 und war ein ausgezeichneter Abwehrstratege. Sein kluges Stellungsspiel machte es schwer, ihn auszuspielen.

„Auf welcher Position soll ich spielen?
Nicht jeder Fußballer spielt immer auf der
GLEICHEN POSITION. Manche Spieler sind vielseitig
und können auf verschiedenen **Positionen** eingesetzt
werden. Probiere also unterschiedliche Positionen aus!"

M MITTELFELDSPIELER

Ein Mittelfeldspieler spielt zwischen Abwehr
und Angriff. Er hilft der Verteidigung und
bringt die Stürmer in Schussposition.

REFLEXE	★★★
STELLUNGSSPIEL	★★★★
ZWEIKAMPF	★★★
KOPFBALL	★★
PASSEN	★★★★
SCHIESSEN	★★★
AUSDAUER	★★★★

Spielzone auf dem Feld

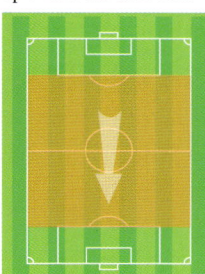

 ÜBERSICHT – Ein Mittelfeldspieler muss seine
Mitspieler immer gut im Blick haben, damit er das
Spiel gestalten und kluge Pässe spielen kann.

Michel Platini (Frankreich) Er spielte von 1972
bis 1987 und war ein kreativer Mittelfeldspieler. Er gab
viele Vorlagen und erzielte 41 Länderspieltore.

S STÜRMER

Die Hauptaufgabe eines Stürmers ist es,
Tore zu schießen. Er muss aber auch im
Mittelfeld und in der Verteidigung aushelfen.

REFLEXE	★★★
STELLUNGSSPIEL	★★★★
ZWEIKAMPF	★★
KOPFBALL	★★★★
PASSEN	★★★
SCHIESSEN	★★★★
AUSDAUER	★★★

Spielzone auf dem Feld

 TEMPO – Ein schneller Stürmer überläuft
die Verteidiger und erspielt sich so viele
Torchancen.

George Weah (Liberia) Weah war ein blitzschneller
und treffsicherer Stürmer. Als erster Afrikaner wurde
er 1995 zum Weltfußballer des Jahres gewählt.

Die Spielregeln

Um zu gewinnen, muss ein Team mehr Tore schießen als das andere. Doch ganz so einfach ist es nicht ... Wie bei jeder anderen Sportart gibt es eine ganze Reihe von Spielregeln, die man kennen sollte.

WER BESTIMMT?

Der Schiedsrichter leitet das Spiel. Er trifft alle Entscheidungen und sorgt dafür, dass das Spiel fair über die Bühne geht.

Die Regeln einhalten

Der Schiedsrichter achtet darauf, dass die Spieler die Regeln einhalten. Wenn nötig, unterbricht er dafür das Spiel.

Die Uhr im Blick

Der Schiedsrichter kontrolliert die Spielzeit und lässt bei Unterbrechungen nachspielen.

Sicherheit geht vor

Bei Verletzungen muss der Schiedsrichter dafür sorgen, dass die Spieler rechtzeitig behandelt werden können.

Alles in Ordnung?

Der Schiedsrichter überprüft den ordnungsgemäßen Zustand des Platzes, der Tore, des Balls und der Ausrüstung der Spieler.

Assistenten
Der Schiedsrichter wird von zwei Assistenten an den Seitenlinien unterstützt. Sie beobachten von dort aus das Spiel und geben dem Schiedsrichter mit ihrer Flagge Zeichen.

Verwarnungen

Wenn ein Spieler sich unsportlich verhält oder wiederholt foult, erhält er die Gelbe Karte.

Für Schwalben (vorgetäuschtes Foul) oder Proteste beim Schiedsrichter gibt es ebenfalls die Gelbe Karte.

Bei einem groben Foul oder unfairem Verhalten (Anspucken) gibt es die Rote Karte.

Die Gelb-Rote Karte gibt es, wenn ein Spieler mit einer Gelben Karte verwarnt wurde und erneut foult.

Ein Spiel mit zwei Hälften

Ein Fußballspiel besteht aus zwei Hälften – der ersten und der zweiten Halbzeit. Dazwischen gibt es eine kurze Pause, in der sich die Spieler erholen können. Die Spielzeit eines normalen Fußballspiels beträgt 90 Minuten (45 Minuten pro Halbzeit).

> **,,**Wenn der Ball die Seitenlinie überschreitet, wirft ihn ein Spieler des Teams, das den Ball **NICHT ZULETZT** berührte, wieder ins Spielfeld (Einwurf).**"**

Tor!?

Ein Tor zählt, wenn der Ball mit vollem Umfang die Torlinie zwischen den Torpfosten unterhalb der Latte überschritten hat. Beging der Spieler, von dessen Fuß der Ball ins Tor befördert wurde, dabei ein Foul, zählt der Treffer nicht.

Hand!

Feldspieler dürfen den Ball nie mit der Hand oder dem Arm berühren. Wenn ein Spieler den Ball absichtlich mit dem Arm oder der Hand berührt, gibt es einen Freistoß für das andere Team. Torhüter dürfen den Ball nur im eigenen Strafraum in die Hand nehmen.

ABSEITS ODER NICHT?

Die Abseitsregel verhindert, dass die meisten Spieler sich nur in der Nähe des gegnerischen Strafraums aufhalten und dort auf den Ball warten, um ihn dann ins Tor zu schießen. Wann ist ein Spieler im Abseits?

KEIN ABSEITS!

Der Angreifer befindet sich *nicht* im Abseits, wenn

• er sich im Moment des Abspiels **HINTER** dem Ball befindet.

• *er sich zwar im Abseits befindet, jedoch* **DEN BALL NICHT BEKOMMT** bzw. nicht ins Spiel eingreift.

• der Ball vom **GEGNER** kommt.

• er sich in der **EIGENEN HÄLFTE** befindet oder den Ball bei einem Abstoß, Einwurf oder Eckball direkt erhält.

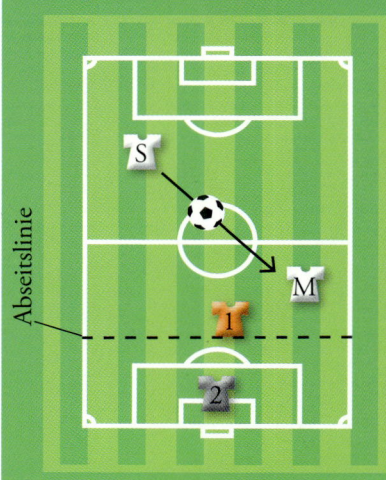

ABSEITSREGEL

Wenn der Ball von Spieler (S) nach vorn gespielt wird, muss der Mitspieler (M) mindestens zwei gegnerische Spieler zwischen sich und dem gegenerischen Tor haben, sonst ist er im ABSEITS.

KEIN ABSEITS

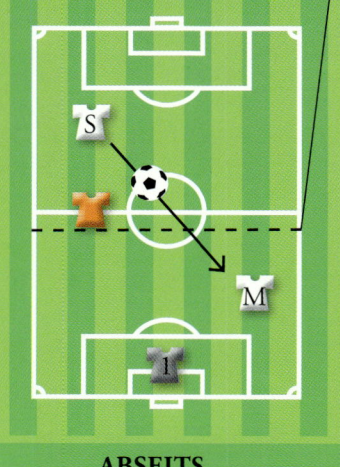

ABSEITS

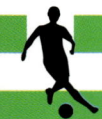

Aufwärmen

Es ist sehr wichtig, sich vor einem Spiel oder dem Training etwas aufzuwärmen. Denn die Gefahr einer Verletzung für kalte Muskeln oder steife Gelenke und Sehnen ist groß.

AUFWÄRM-SPIELE

- **Hütchenrennen** – Hütchen werden zu einem Kurs aufgestellt, den man in wechselnder Technik ablaufen muss: rennen, sprinten, rückwärts- oder seitlich laufen.
- **Fangen und laufen** – Die Spieler stellen sich nach ihrer Spielposition auf. Einer wirft einem anderen den Ball zu. Der Werfer wechselt immer auf den Platz des Fängers.
- **Ball zupassen** – In einem großen, von Hütchen markierten Feld passen sich die Spieler pausenlos den Ball zu. Der Ball muss immer in Bewegung bleiben.

KETTENSPIEL

Gespielt wird in einem großen, von Hütchen begrenzten Feld. Zwei Spieler bilden den Anfang einer Kette. Sie halten sich an den Händen und versuchen, andere Spieler zu berühren, die dann Teil der Kette werden. Wer als Letzter übrig bleibt, ist Sieger.

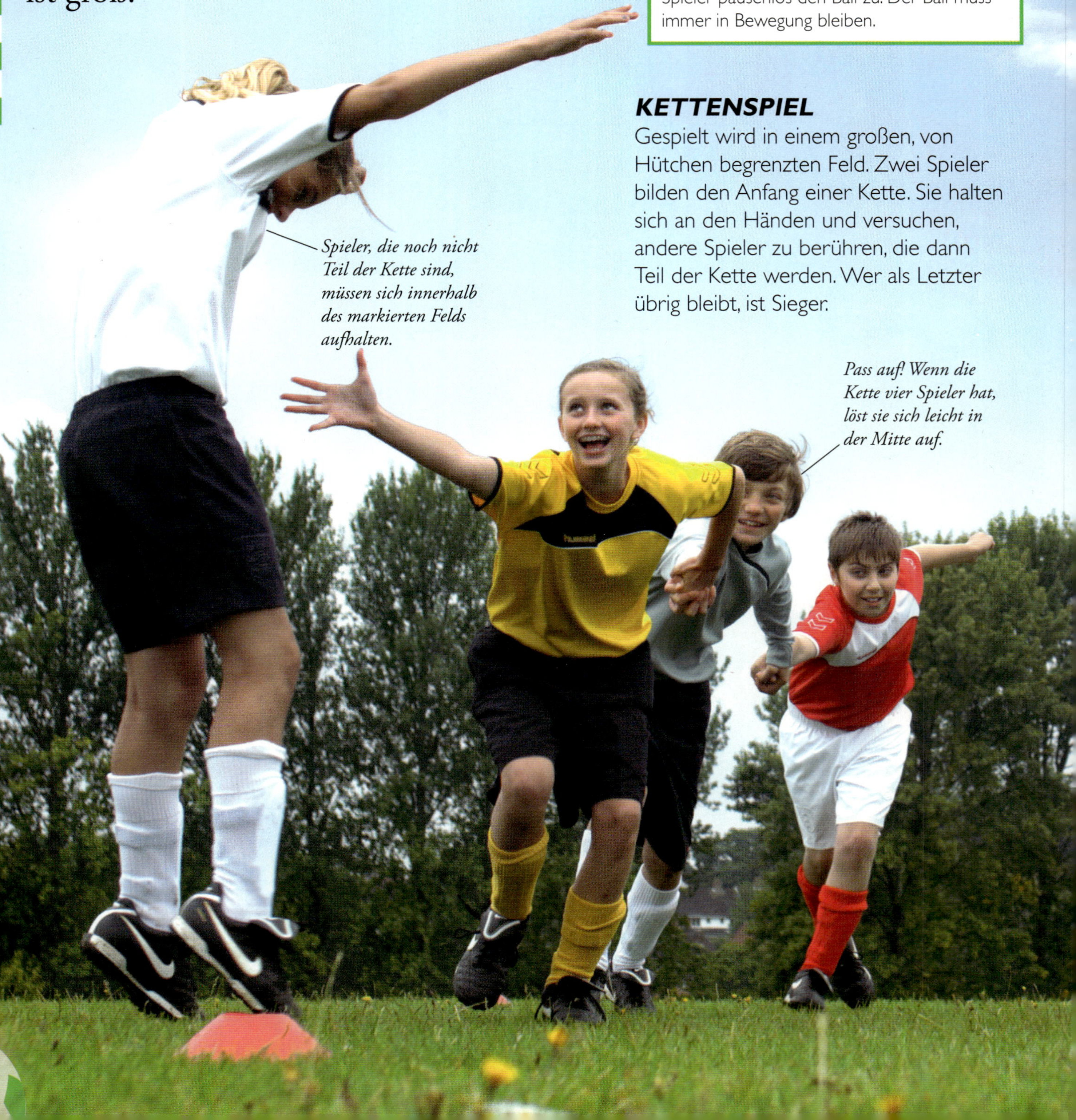

Spieler, die noch nicht Teil der Kette sind, müssen sich innerhalb des markierten Felds aufhalten.

Pass auf! Wenn die Kette vier Spieler hat, löst sie sich leicht in der Mitte auf.

ÜBUNGSQUADRAT

Mit dieser Aufwärmübung kannst du einzelne Fußballtechniken trainieren. Bilde mit Hütchen ein 10 m x 10 m großes Quadrat und laufe um seine vier Seiten herum. Dabei kannst du eine Technik üben, die du noch nicht gut beherrschst, z. B. Schießen oder Köpfen.

Du wählst eine Übung aus und machst die gleiche Aktion abwechselnd mit dem linken, dann mit dem rechten Fuß.

Übung macht den Meister – auch bei der Ballannahme oder dem Passspiel.

Kopfbälle kannst du auch „trocken" üben, indem du hochspringst und dich nach unsichtbaren Bällen reckst.

Das Lauftraining wird abwechslungsreicher, wenn du zwischendurch auch seitwärts oder rückwärtsläufst.

> ,,Gutes Aufwärmen ist wichtig, weil es hilft, *Verletzungen zu vermeiden.* Gleichzeitig stellst du dich dabei gedanklich schon auf das Spiel ein."

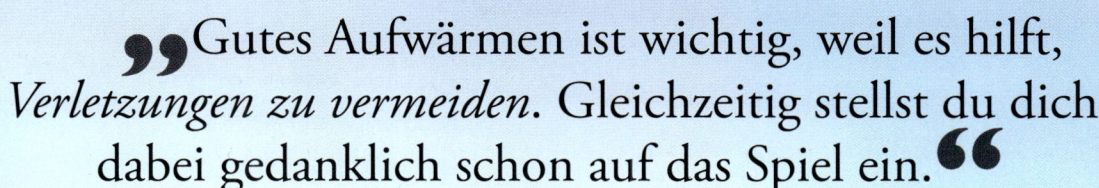

SPIEGELPAARE

Dies ist eine Aufwärmübung für zwei Spieler. Stellt euch gegenüber auf. Einer beginnt mit Übungen, z. B. Schießen oder Köpfen. Der Partner muss die Übungen mitmachen. Später bestimmt der andere Spieler die Art der Übungen.

BALL EROBERN

In einem mit Hütchen begrenzten Feld hat jeder Spieler einen Ball. Jeder muss seinen Ball schützen und versuchen, den Ball eines Mitspielers aus dem Feld zu kicken. Der, dessen Ball außerhalb des Felds landet, scheidet aus.

TECHNIK
und TAKTIK

FUßBALL zu spielen bedeutet nicht, einfach gegen einen Ball zu treten. Du musst eine ganze Reihe von Techniken erlernen, z. B. wie man Pässe oder Freistöße schießt oder wie man richtig köpft. Unterschiedliche Spielpositionen erfordern dabei unterschiedliche Fertigkeiten. Und denke daran, dass ein Torhüter andere Dinge können muss als die Feldspieler. Bist du bereit? Es gibt viel zu tun.

Richtig schießen

Fußball spielen will gelernt sein. Jeder Weltstar des Fußballs musste sich erst einmal die Grundlagen erarbeiten. Dazu gehört vor allem eine gute Schusstechnik. Wer das Schießen beherrscht, ist schon einen großen Schritt weiter.

1 VOLLSPANNSTOSS
Bei dieser Schusstechnik triffst du den Ball mit dem nach unten gedrückten Fußrücken. Damit gelingen dir kraftvolle, weite Schüsse.

1. Stelle das Standbein neben den Ball und achte darauf, dass die Fußspitze dorthin zeigt, wohin du schießen möchtest.

Der Fuß des Standbeins steht seitlich neben dem Ball, die Fußspitze zeigt in Schussrichtung.

„**RICHTIG SCHIESSEN** zu können ist sehr wichtig, weil es die Voraussetzung für viele andere Techniken ist."

OHNE DIE ZEHEN!

Du darfst nie mit der Schuhspitze gegen den Ball treten. Denn dann kannst du den Ball nicht richtig *kontrollieren*, aber dich leicht verletzen.

Kurz bevor du den Ball triffst, beugst du den Oberkörper leicht über den Ball und streckst die Fußspitze nach unten.

VOLLSPANN

2. Du triffst den Ball in der Mitte mit dem Vollspann (Fußrücken, wo sich die Schnürsenkel befinden). Mit den Armen hältst du das Gleichgewicht.

SCHUSS

3. Nachdem du den Ball getroffen hast, lässt du dein Bein in der Bewegung ausschwingen. Dein Körper zeigt in Schussrichtung.

„Achte darauf, den Ball **SAUBER** und **RICHTIG** zu treffen, und übe immer *beidfüßig!*"

Ballkontrolle

Ganz wichtig ist, dass du lernst, den Ball zu kontrollieren. Ob du einen Pass annimmst oder den Ball führst – Ballgefühl und sichere Ballkontrolle helfen dir, gute Pässe zu spielen und Chancen vorzubereiten.

Mit kurzen, kräftigen Stößen

Du führst den Ball und willst ihn aus dem Aktionsbereich der Gegenspieler bringen. Dazu treibst du den Ball mit kurzen, kräftigen Stößen voran, änderst überraschend deine Laufrichtung und hältst den Ball unter Kontrolle. So haben die Gegenspieler das Nachsehen.

1

WEICH ABFANGEN

Schaue auf den Ball, wenn er auf dich zukommt. Im Moment des Ballkontakts mit der Fußinnenseite gibst du etwas nach. So wird der Ball abgebremst und kann nicht verspringen.

2 ### MIT DER FUSSSOHLE
Flach auf dich zukommende Bälle kannst du mit der Fußsohle stoppen.

Hebe deinen Fuß nicht zu hoch, sonst rutscht dir der Ball durch.

SCHAUEN

1. Du behältst den Ball genau im Blick, während du den Spielfuß leicht anhebst.

Um den Ball wieder ins Spiel zu bringen, rollst du ihn mit der Fußsohle leicht vorwärts.

STOPPEN

2. Wenn der Ball bei dir ist, stellst du die Fußsohle mit Gefühl, aber fest auf den Ball.

3 MIT DEM OBERSCHENKEL

Du stoppst den Ball mit deinem Oberschenkel, als würde ein weiches Kissen darauf liegen: Bei der Ballberührung ziehst du den Oberschenkel etwas zurück.

Du beobachtest die Flugbahn des Balls und beugst dann das Knie, um den Ball aufzunehmen.

Den Oberschenkel schön locker halten und den Ball dann wie von einem weichen Kissen zu Boden fallen lassen.

3 MIT DER BRUST

Wenn ein hoch geschlagener Ball zu dir kommt, nimmst du ihn am besten mit der Brust an. Winkle die Arme neben deinem Oberkörper an, gehe leicht in die Knie und beobachte den Ball. Wenn er auf deiner Brust aufschlägt, lehnst du dich zurück, um dem Ball die Wucht zu nehmen.

Wenn der Ball auf den Spann trifft, winkelst du den Fuß etwas an.

4 MIT DEM SPANN

Diese Technik verlangt viel Training. Das leicht gebeugte Spielbein geht mit gestrecktem Fuß dem Ball entgegen. Wenn der Ball auf den Spann auftrifft, nimmst du das Bein zurück und federst den Aufprall weich ab. Der Ball tropft zu Boden.

Dribbling

Unter Dribbling versteht man das Führen des Balls im Laufen. Du kannst durch den freien Raum dribbeln oder deine Gegner umkurven. Nötig dafür sind eine gute Ballführung und Körperbalance.

Von Profis lernen
Lionel Messi führt den Ball ganz eng am Fuß, ändert dann blitz-schnell die Laufrichtung und lässt so seine Gegenspieler aussteigen.

Mit dem Ball laufen
Beim Dribbeln ist es sehr wichtig, dass der Ball nicht weit von dir wegrollt, sondern immer eng am Fuß bleibt. So kannst du jeder-zeit die Richtung ändern, wenn du angegriffen wirst.

"Wichtig ist, *dass du die Übersicht behältst.* **SCHAU NICHT** nur auf den Ball beim *Dribbeln,* sondern behalte deine Mitspieler im Blick!**"**

BEIDFÜSSIGES DRIBBELN
Mit dieser Übung verbesserst du Ballkontrolle und Ballführung.

RECHTS

LINKS

RÜCKWÄRTS

1. Führe den Ball eng am Fuß. Mit dem Innenspann des rechten Fußes treibst du den Ball ein Stückchen vorwärts.

2. Nun machst du das Gleiche mit dem linken Fuß. Danach wechselst du immer zwischen beiden Füßen ab.

Wenn es vorwärts klappt, versuchst du es rückwärts und ziehst den Ball mal mit dem rechten, mal mit dem linken Fuß zurück.

2 HINDERNISLAUF

Ziel dieser Übung ist es, den Ball zu kontrollieren, während du deine Gegner umdribbelst. Stelle drei Hütchen in gerader Linie auf. Zunächst lässt du noch einen größeren Abstand zwischen den Hütchen. Nun dribbelst du beidfüßig um die Hütchen herum.

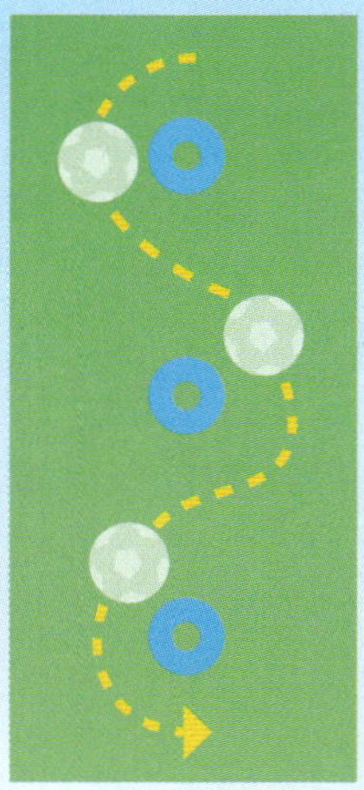

Führe den Ball eng am Fuß, während du so nahe wie möglich um die Hütchen kurvst – wie beim Skislalom.

DRIBBELKÖNIG

Um deine Dribbel-technik weiter zu verbessern, stellst du die Hütchen in immer engerem Abstand auf oder denkst dir einen schwierigeren Kurs aus.

3 ANTÄUSCHEN

Beim Dribbeln kannst du die gegnerischen Spieler so richtig austricksen. Mit einer einfachen Finte täuschst du den Gegner und lässt ihn ins Leere laufen.

1. Dribble direkt auf den Gegner zu und führe den Ball dabei abwechselnd am linken und rechten Fuß.

2. Wenn du nahe an ihm dran bist, deutest du eine Bewegung nach rechts an, indem du die rechte Schulter senkst und dein Gewicht auf das rechte Bein verlagerst.

3. Jetzt aber wendest du dich ganz schnell nach links und nimmst den Ball mit dem Außenspann des linken Fußes mit.

Pässe spielen

Fußball ist ein Mannschaftssport. Daher ist ein gut funktionierendes Passspiel oft entscheidend für den Erfolg. Und solange der Ball durch die eigenen Reihen läuft, kann der Gegner nicht gefährlich werden. Um kluge Pässe zu spielen, muss man Spielzüge voraussehen können.

Ballbesitz

Solange der Ball zwischen dir und deinen Mitspielern hin- und hergepasst wird, ist deine Mannschaft in Ballbesitz. Das ist immer ein Vorteil, denn der Gegner kann keinen eigenen Angriff starten!

1 DER INNENSEITSTOSS

Pässe mit der Fußinnenseite spielt man, wenn ein Pass sicher und möglichst genau beim Mitspieler ankommen soll.

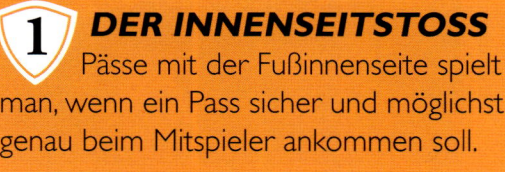

1. Stelle dein Standbein neben den Ball. Deine Fußspitze zeigt in die Richtung, in die du den Ball spielen möchtest.

ZIELEN

2. Drehe dein Spielbein so, dass die Fußinnseite seitlich zum Ball zeigt. Jetzt trittst du fest gegen die Mitte des Balls.

PASSEN

Wenn du den Ball zu kräftig triffst, bekommt ihn dein Mitspieler nicht. Spielst du den Pass zu langsam, erwischt ihn der Gegner.

3 DER STEILPASS

Manchmal ist es am besten, einen Pass steil nach vorn in den leeren Raum zu spielen, den sich ein Mitspieler erläuft. Ein überraschender Steilpass kann Torchancen eröffnen, ist aber nicht leicht, weil er richtiges Timing, Präzision und eine gute Spielübersicht verlangt.

2 PASSGENAUIGKEIT

Diese einfache Übung hilft dir, deine Passgenauigkeit zu erhöhen. Stelle die Hütchen zunächst in einem etwas größeren Abstand zueinander auf und passe den Ball durch sie hindurch einem Mitspieler zu. Übe abwechselnd mit beiden Füßen. Wenn du sicherer bist, verkleinerst du den Abstand zwischen den Hütchen und vergrößerst den zum Mitspieler.

Immer ein Auge auf die Gegner richten, die den Pass abfangen wollen.

Dein Mitspieler wird alles versuchen, um den Pass zu erreichen, doch du musst auch genau im richtigen Moment abspielen.

Von Profis lernen

Ein genialer Passgeber ist Xavi Hernández. Er besitzt eine großartige Ballkontrolle, Präzision und gute Spielübersicht.

,,Wer über die nötige **SPIELÜBERSICHT** verfügt, kann gute *Steilpässe* spielen. Also immer beobachten, wohin sich die Mitspieler **bewegen**."

Flanken schlagen

Flanken, die von der Außenlinie in den Strafraum fliegen, eröffnen gute Torchancen. Doch sie so zu schlagen, dass der Torhüter oder die Verteidiger sie nicht abfangen können, ist nicht ganz einfach.

Was sind Flanken?

Flanken sind eigentlich lange Pässe, die von den Flügeln in die Spielfeldmitte – meist in den Strafraum – gespielt werden. Das ist schwierig, weil man vorwärts läuft, den Ball aber seitlich Richtung Spielfeldmitte und möglichst genau zu einem Mitspieler befördern muss.

2 FLANKE HINTER DIE ABWEHR

Besonders Flanken in den Rücken einer Abwehr sind ein wirksames Mittel, Torgelegenheiten herauszuspielen. Dabei wird die Flanke vom Flügel aus der Nähe der Torlinie hinter die Abwehr geschlagen.

Bevor du die Flanke schlägst, schaust du, wo der freie Mitspieler steht.

1 EINFACHE FLANKE

Achte beim Flanken immer auf dein Standbein. Es darf nicht in Laufrichtung zeigen, sondern ist in Schussrichtung orientiert. Das erleichtert dir die Körperdrehung und ermöglicht die Flanke zur Spielfeldmitte hin.

Von Profis lernen
David Beckham ist einer der besten Flankengeber der Welt. Seine Bälle landen mustergültig da, wo er sie haben will, und bereiten viele Tore vor.

3 DIE FLANKE VOR DAS TOR
Wird eine Flanke vor das Tor geschlagen, ist es wichtig, den Ball über den Verteidiger zu heben, der am vorderen Torpfosten steht. Klappt das, ist die Möglichkeit groß, dass ein Mitspieler mit dem Kopf an den Ball kommt.

Die Flanke muss lang genug sein, damit sie den Mitspieler auch erreicht.

> ,,*Schaue immer zuerst, bevor du flankst. Nur eine Flanke, die den Mitspieler erreicht, ist eine* **GUTE FLANKE**.``

Sauberes Tackling

Während eines Spiels musst du mit deiner Mannschaft immer wieder den Ball zurückerobern. Gutes Zweikampfverhalten beim Angriff, dem Tackling, verlangt viel Einsatzbereitschaft, Konzentration und Ausdauer.

Foul!

Zweikampfstarke Teams bringen sich immer wieder in Ballbesitz. Doch ein unsauberes Tackling wird als Foul bestraft und führt zu einem Freistoß oder Elfmeter.

1 BLOCKTACKLING

Damit kannst du den Ball zurückerobern und dabei auf den Beinen bleiben. Wichtig ist es, den Ball zu beobachten und nicht zaghaft vorzugehen.

1. Beobachte den Ball und lasse dich nicht vom gegnerischen Spieler verunsichern.

LAUERN

2. Warte den richtigen Moment ab, ehe du deine Fußinnenseite in den Weg des Balls stellst. Gehe dabei leicht in die Knie und berühre den Ball in der Mitte.

TIMING

3. Den Ball nicht spielen, sondern nur energisch blockieren! Die Beinmuskeln bleiben während der Aktion angespannt.

EROBERN

SO NICHT!

Wenn man zu spät in den Zweikampf geht, trifft man nicht den Ball, sondern die Beine des Gegners. Daher ist das Timing – das Abpassen des richtigen Moments – so wichtig. Spiele entschlossen, aber nie aggressiv!

② GLEITTACKLING

Mit dieser Technik kann man schnellen Angreifern den Ball abnehmen. Allerdings ist es sehr wichtig, den Ball zu treffen und nicht den Gegner. Auch hier kommt es wieder auf das richtige Timing an.

Von Profis lernen
Nemanja Vidić aus Serbien ist ein Welt-klasseverteidiger. Er ist enorm kampf-stark und besitzt ein perfektes Timing.

Grätsche nur, wenn du sicher bist, dass du den Ball noch erreichst. Gelingt das nicht, liegst du hilflos am Boden und der Angreifer zieht an dir vorbei.

Mit einer Grätsche von der Seite kannst du den Angreifer vom Ball trennen und ihm das Leder vom Fuß spitzeln.

Als Verteidiger brauchst du eine gute Spielübersicht und musst immer wissen, wo sich die Angreifer gerade befinden.

Verteidigen

Ein Verteidiger muss viel mehr können, als nur Zweikämpfe zu bestreiten. Auch durch geschicktes Zusammenspiel und höchste Konzentration kann das gegnerische Team daran gehindert werden, Tore zu schießen.

2 VIERERABWEHRKETTE

Beim Verteidigen ist vor allem die Abwehrkette gefordert. Zum einen muss ein Verteidiger sich auf den Bereich des Spielfelds konzentrieren, für den er verantwortlich ist, zum anderen muss er gut mit den Nebenspielern harmonieren. Er sollte immer wissen, wo sie gerade sind und was sie tun.

Wichtig ist, dass du immer die Abwehrlinie im Auge hast und prüfst, ob du deine Position noch einhältst.

Decken

Es gibt zwei Arten der Deckung: Manndeckung und Raumdeckung. Bei der Manndeckung gilt dein Augenmerk einem bestimmten Spieler, den du ständig bewachst. Bei der Raumdeckung bewegst du dich innerhalb einer bestimmten Zone des Spielfelds und greifst jeden Gegner an, der dort auftaucht.

1 TORSEITIG!

Als Hauptregel für Verteidiger gilt: Deine Position ist torseitig, d. h., du musst immer zwischen dem gegnerischen Spieler und deinem Tor stehen. So kann der Angreifer niemals direkt auf euer Tor zulaufen, wenn er den Ball bekommt.

3 DEN GEGENSPIELER STÖREN

Diese Technik zielt darauf ab, den Gegenspieler vom eigenen Strafraum fernzuhalten. Dabei trennt man ihn nicht vom Ball, sondern verfolgt ihn, verstellt ihm den Weg und drängt ihn ab, bis er langsamer wird und den Zug zum Tor verliert.

> „Verteidigen gelingt, wenn du in der *richtigen Position* bist. Am **richtigen Ort** zur richtigen Zeit zu sein, das lehrt die Erfahrung."

VERTEIDIGUNGSÜBUNG

Mit dieser Übung lernt ihr, **als Team zu verteidigen**. Dazu teilt ihr euch in zwei Mannschaften zu je vier Spielern auf. Ziel der Übung ist es, **sich gegenseitig daran zu hindern, den Ball in die gegnerische Endzone zu befördern.** Das Team in Ballbesitz (A) passt sich den Ball zu und bekommt einen Punkt, wenn es ihn in die Endzone bringt. Das verteidigende Team (V) versucht an den Ball zu kommen, indem es die angreifenden Spieler deckt oder die Passwege zustellt. Man darf dazwischengehen und blockieren, aber man *darf nicht grätschen.*

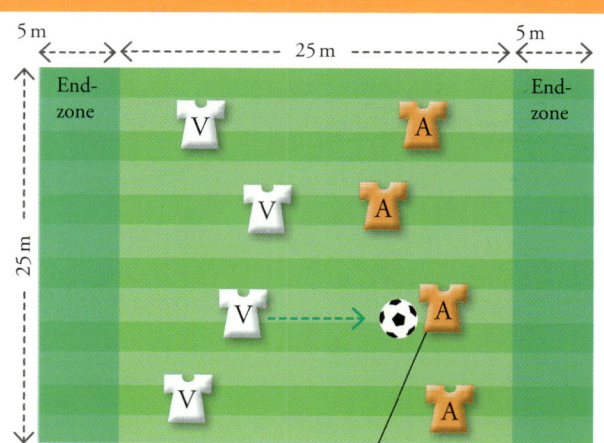

Wenn du dich auf einen Zweikampf einlässt, verlierst du leicht deine Position.

Das verteidigende Team muss den ballführenden Spieler angreifen.

ÜBUNGS-ZIELE

• Teamwork

• Decken

• Stören

• Stellungsspiel

• Entscheidung treffen

Kopfbälle

Fußball wird nicht nur auf dem Rasen mit den Füßen gespielt – manchmal muss man auch den Kopf einsetzen. Nur wer die Technik des Kopfballspiels beherrscht, kann hohe Bälle erreichen und aus Flanken oder Eckstößen Tore erzielen.

Training macht den Meister. Versuche immer wieder, den Ball sauber mit der Stirn zu treffen, um den Bewegungsablauf dafür zu üben.

Nur für Riesen?

Um gut im Kopfballspiel zu werden, muss man nicht unbedingt sehr groß sein. Richtiges Timing beim Absprung und etwas Selbstvertrauen sind viel wichtiger.

Benutze zum Köpfen nur die Stirn – auf diese Weise tut es nicht so weh und du kannst dich nicht so leicht verletzen.

1 EINFACHE KOPFBÄLLE

Köpfen ist nur eine Frage der Übung und des Selbstvertrauens. Nimm den Ball in deine Hände und wirf ihn hoch über deinen Kopf. Wenn er wieder nach unten fällt, versuchst du ihn mit der Stirn zu treffen und dabei deine Augen geöffnet zu halten.

Von Profis lernen

Tim Cahill aus Australien ist ein Kopfballspieler von Weltrang. Er ist zwar nicht groß, kann aber enorm hoch springen.

ABWEHRKOPFBALL
Beim Verteidigen wird der Ball hoch und weit aus der Abwehr geköpft.

1. Stelle einen Fuß leicht vor den anderen und gehe etwas in die Knie. Beobachte den Ball und bewege deine Stirn in Richtung des Balls.

2. Jetzt gilt es, aus den Knien heraus den Ball mit dem oberen Rand der Stirn kräftig von unten zu treffen, sodass er hochsteigt und weit wegfliegt. Die Hände hältst du seitlich am Körper, dein Nacken bleibt steif.

ANGRIFFSKOPFBALL
Um aufs Tor zu köpfen, drückst du den Ball am besten nach unten.

1. Nimm eine stabile Haltung ein und stelle einen Fuß etwas vor den anderen. Beobachte den Ball genau und halte die Arme eng am Körper.

2. Mit Schwung aus Beinen und Nacken heraus gehst du mit der Stirn zum Ball und versuchst, ihn über der Mitte zu treffen. Ziele etwa in Höhe der Beine des Torhüters.

KOPFBALLÜBUNG

Diese Übung hilft dir, **dein Selbstvertrauen beim Kopfballspiel zu verbessern** und Genauigkeit zu entwickeln. Ihr müsst dafür mindestens zu zweit sein. Einer ist der Kopfballspieler (K), der andere wirft den Ball zu (W). Mit Hütchen markiert ihr zwei Tore im Abstand von 2 m. Der Werfer wirft dem Kopfballspieler den Ball zu. Dieser entscheidet nun, ob er einen Abwehrkopfball zum werfenden Spieler versucht oder auf eines der Tore köpft. Nach einer Weile tauscht ihr die Rollen.

Der Kopfballspieler ruft dem Werfer zu, wohin er köpft.

Werft euch den Ball in wechselnder Höhe zu.

Tor 1

Tor 2

K

W

6 m

11 m

ÜBUNGS-ZIELE

• **Haltung**

• **Genaue Kopfbälle**

• **Kräftige Kopfbälle**

• **Entscheidung treffen**

Torschuss

Um zu gewinnen, muss deine Mannschaft mehr Tore schießen als der Gegner. Das ist nicht immer einfach. Ein guter Torschütze muss die Ruhe bewahren, präzise schießen und sich blitzschnell entscheiden können.

Entscheide dich schnell!

Wenn du in aussichtsreicher Schussposition an den Ball kommst, musst du dich entscheiden, auf welche Stelle des Tors du zielen und wie kraftvoll du schießen willst. Je härter dein Schuss, desto schwieriger ist es, genau zu treffen.

1 TECHNIK

Mit dem Vollspann (über den Schnürsenkeln) gelingen dir auch kraftvolle Torschüsse. Und so geht's: Standfuß eng neben den Ball setzen, mit dem Spielbein ausholen, Fußspitze nach unten, den Ball in der Mitte treffen und den Fuß gestreckt durchschwingen.

Denke daran, dich nicht zu weit zurückzulehnen, damit der Ball nicht über die Latte geht.

Du kannst den Ball in die nähere Torecke schießen. Der Torhüter wird diese decken, sodass du genau zielen und scharf schießen musst.

Du schwingst das Schussbein nicht durch, sondern bremst es ab und triffst den Ball von unten.

2 DER HEBER

Mit dem Heber kann man einen aus dem Tor stürzenden Torhüter überlisten. Du deutest einen Schuss an und hebst den Ball im letzten Moment steil in die Höhe und über den Torhüter ins Tor.

Flachschüsse sind für den Torhüter schwerer zu halten als hohe Bälle.

TORSCHUSS-TRAINING

Übung macht den Meister – auch beim Schießen. Da du während eines Spiels ständig die Positionen wechselst, wirst du aus verschiedenen Schusswinkeln üben. Für dieses Training müsst ihr zu dritt sein. Baut euch ein Tor und bestimmt einen Torhüter (T). Außerdem braucht ihr einen Passgeber (P) und einen Angreifer (A). Der Passgeber spielt den Ball auf den Angreifer. Der schießt aufs Tor. Der Passgeber ändert nun seine Position und spielt den Ball zunächst von Position 2 und dann von Position 3. So kommt der Angreifer immer in eine neue Schussposition. Nach einiger Zeit könnt ihr das Tor verkleinern und versuchen, die Pässe direkt zu verwandeln. Übt immer beidfüßig!

Der Passgeber kann die Bälle abwechselnd flach oder hoch zuspielen.

7,32 m

Schießt zuerst aus kurzer Distanz aufs Tor und vergrößert dann den Abstand.

16,5 m

ÜBUNGSZIELE
- **Ballkontrolle** • **Entscheidung treffen**
- **Schussgenauigkeit** • **Schusskraft** • **Körperhaltung**

Wenn du den Ball in die entferntere Torecke zirkelst, haben deine Mitspieler oft die Chance, einen Abpraller vom Pfosten zu nutzen oder den abgewehrten Ball des Torhüters zu verwerten.

Von Profis lernen
Didier Drogba von der Elfenbeinküste ist bekannt für seine präzisen und kraftvollen Torschüsse.

Angreifen

Ein Tor zu erzielen ist viel schwerer, als es aussieht. Es gelingt, wenn man als Team angreift, den Ball laufen lässt und ständig in Bewegung ist.

1 DOPPELPASS

Eine besonders wirksame Form des Angriffsspiels ist der Doppelpass. Dabei tricksen zwei Angreifer ihre Gegenspieler aus, indem sie den Ball schnell hin- und herspielen.

PASSEN

1. Vor dem Verteidiger passt du den Ball zu einem seitlich stehenden Mitspieler.

RENNEN

2. Du rennst an dem Bewacher vorbei, während dein Mitspieler dich sofort wieder steil anspielt.

ANNEHMEN

3. Wird der Pass schnell und genau gespielt, bist du deinem Bewacher entwischt.

Kombinationsspiel

In der Zeit, in der man während eines Spiels nicht in Ballbesitz ist, ist es wichtig, dass man sich freiläuft und sich immer wieder als Anspielstation für seine Mitspieler anbietet.

3 SPIEL OHNE BALL

Das Spiel ohne Ball muss ein Angreifer perfekt beherrschen. Man kann Steilpässe erlaufen, Räume für die Mitspieler öffnen oder seinen Bewacher abschütteln.

PASSEN UND WEGDREHEN

Mit einem einfachen Trick öffnet man Räume und löst sich mit einem Pass und einer Drehung vom Bewacher.

1. Mit dem Rücken zum Gegner schirmst du den Ball sicher ab und spielst einen Pass zu deinem Mitspieler.

2. Du machst eine Körperdrehung, löst dich von deinem Bewacher und sprintest in den Raum hinter ihm.

3. Dein Mitspieler passt den Ball am Verteidiger vorbei in deinen Laufweg. Schon bist du vorbei!

Achte auf den richtigen Zeitpunkt, wenn du in den freien Raum startest. Wenn du zu früh losläufst, kannst du schnell ins Abseits geraten.

ANGRIFFSÜBUNG

Mit dieser Übung verbesserst du dein **Passspiel** und die Fähigkeit, **schnelle Entscheidungen** (passen oder schießen?) zu treffen. Für die Übung müsst ihr zu sechst sein. Vier greifen an (A, B) und zwei verteidigen (V). Drei Angreifer beginnen in der Startzone. Ein Angreifer übernimmt die Rolle des Ballannehmers (B). Die Angreifer passen dem annehmenden Spieler den Ball zu. Dieser spielt zurück und eröffnet so den Angriff. Die Angreifer spielen sich nun den Ball zu und versuchen, eine Torchance herauszuspielen. Gleichzeitig versuchen die Verteidiger, den Ball zu erobern. Die Angreifer dürfen den Ball nur zweimal hintereinander berühren, dann müssen sie abspielen.

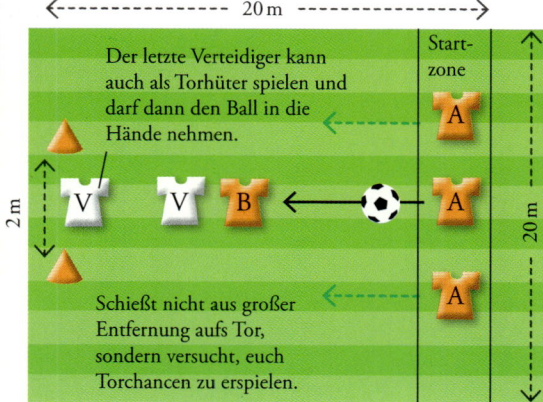

Der letzte Verteidiger kann auch als Torhüter spielen und darf dann den Ball in die Hände nehmen.

Schießt nicht aus großer Entfernung aufs Tor, sondern versucht, euch Torchancen zu erspielen.

ÜBUNGSZIELE
• Passen • Kombinieren • Ballkontrolle
• Verständigung • Entscheidung treffen

Alles im Griff

1. Du stehst leicht vorgebeugt dort, wo der Ball hinkommen wird, und behältst ihn abwehrbereit im Blick.

SCHAUEN

2. Die Hände gehen dem Ball entgegen und bilden die W-Form. Damit kannst du den Ball sicher kontrollieren.

FANGEN

3. Umschließe den Ball mit deinen Händen und Armen und drücke ihn gegen deine Brust. Die Gefahr ist vorbei!

HALTEN

Der Torhüter bildet das letzte Abwehrbollwerk und spielt eine wichtige Rolle im Team. Als Keeper brauchst du gute Nerven, musst beweglich und reaktionsschnell sein und mit den Händen sicher zugreifen können.

Das Fangen von Bällen
Der Torhüter ist der einzige Spieler, der den Ball im eigenen Strafraum mit den Händen berühren darf. Um Bälle sicher zu fangen, müssen Augen und Hände gut zusammenarbeiten.

FLACHE BÄLLE FANGEN
Bei Flachschüssen beugt der Torwart die Knie, geht tief hinunter und bringt den Körper hinter den Ball. Sollte er durch die Hände rutschen, kann er so nicht gleich ins Tor gehen. Hände und Daumen bilden ein nach unten zeigendes „M".

3 HOCH HINAUS

Als Torhüter darfst du deine Hände benutzen. So kommst du höher hinauf als die anderen, um den Ball abzufangen. Wichtig ist es, den Ball gut zu fixieren und beide Hände zu nehmen.

Behalte den Ball im Blick und fange ihn mit beiden Händen, die dabei zu einem „W" geformt sind.

W-Form

Deine Hände bilden hinter dem Ball ein „W", wenn du ihn fängst. Die Daumen berühren sich fast, die Finger sind nach oben gerichtet. So hast du alles sicher im Griff!

Halte den Rücken gestreckt und versuche, den Ball am höchstmöglichen Punkt zu fangen.

Der Absprung erfolgt mit dem Sprungbein. Das andere Bein wird gebeugt und hält die Stürmer des Gegners vom Torwart fern.

Hechtsprung

Der Ball kommt nicht immer direkt auf den Torwart zu. Manchmal muss er auch in die Torecken hechten, um zu verhindern, dass der Gegner ein Tor schießt.

Versuche immer, den Ball mit beiden Händen sicher zu fangen. Notfalls faustest du oder wehrst ihn mit den Fingerspitzen ab.

HECHTEN UND FANGEN

1. Halte die Hände fangbereit, verlagere dein Gewicht auf die Zehenspitzen und hebe seitlich zum Ball hin ab.

BEREIT

40

3 NIE NACH VORN!

Wenn du den Ball beim Hechtsprung nicht sicher fangen kannst, faustest du oder nimmst die Fingerspitzen, um ihm eine andere Richtung zu geben. Wehre ihn aber nie nach vorn ab, sondern immer zur Seite hin oder ins Toraus, damit nicht gleich wieder Gefahr für dein Tor droht!

Wenn du auf der Torlinie stehen bleibst, ist es für den Angreifer leichter, den Ball an dir vorbei ins Tor zu schießen, weil der Schusswinkel größer ist.

2 DEN SCHUSSWINKEL VERENGEN

Wenn ein Angreifer mit dem Ball auf dein Tor zuläuft, bleibst du nicht auf der Torlinie stehen, sondern eilst aus dem Tor heraus dem Stürmer entgegen. Auf diese Weise verengst du den Schusswinkel und der Stürmer hat es nun schwerer, den Ball an dir vorbei im Tor unterzubringen.

Bei verengtem Schusswinkel hast du eine gute Chance, den Ball abzuwehren, weil du das ganze Tor abdecken kannst.

Beim Hechtsprung ist es wichtig, dass du versuchst, den Ball sicher zu fangen. Alles Übungssache!

2. Behalte den Ball im Blick, wenn du dich wirfst. Bringe den Körper hinter den Ball und fange ihn mit beiden Händen.

3. Umschließe den Ball mit Händen und Armen und lasse ihn nicht entgleiten, wenn du am Boden landest.

1

HECHTEN

HALTEN

Abschlag und Abwurf

Gerade hast du den Ball mit einer tollen Parade gehalten. Mit einem Abschlag oder Abwurf bringst du ihn nun wieder zu deinen Mitspielern, damit sie einen neuen Angriff starten können.

„Schaue **NICHT** nur darauf, wo deine *Mitspieler* stehen, **sondern achte immer auch auf die gegnerische Mannschaft.** Die Gegenspieler lauern darauf, deinen Abwurf *abzufangen*!"

3 HALBVOLLEY
Der Halbvolley ist eine andere Technik für den Abschlag. Er unterscheidet sich vom Volley nur dadurch, dass der Ball vor dem Schuss einmal auf dem Boden aufsetzt. Dieser Abschlag ist schneller, aber nicht so hoch wie ein Volley.

ABSCHLAG Mit einem Volley kannst du den Ball sehr weit ins Feld schlagen.

1 ANLAUFEN

AUSHOLEN

SCHIESSEN

1. Halte den Ball in beiden Händen und achte auf Gegenspieler. Anlaufen und den Ball in Hüfthöhe fallen lassen.

2. Der Oberkörper ist leicht zurückgelehnt und das Standbein hinter der Falllinie. Mit dem Schussbein ausholen.

3. Du triffst den Ball mit dem Vollspann von unten, bevor er den Boden erreicht. Das Schussbein schwingt durch.

Mache einige Schritte nach vorn und hole mit dem Arm wie mit einer Schleuder zu einem gezielten Abwurf aus. Wirf den Ball nicht zu hoch, denn sonst ist er zu lange unterwegs.

2 ÜBERARM-WURF

Mit dem Überarmwurf bringst du den Ball schnell zu deinen Mitspielern. Aber behalte die Spieler der gegnerischen Mannschaft gut im Blick, damit sie deinen Abwurf nicht abfangen.

Beim Abwurf machst du einige Schritte nach vorn und gibst so deinem Wurf den nötigen Schwung.

2 UNTERARM-ROLLE

Wenn du den Ball flach über den Rasen einem Mitspieler zurollst, wird er genau bei ihm ankommen. Diese Technik eignet sich nur für kurze Entfernungen und sollte nur angewendet werden, wenn kein Gegenspieler in der Nähe ist.

Und so geht's: Schwung holen, mit dem Wurfarm rückwärts ausholen, in die Knie gehen, den Wurfarm nach vorn bringen und den Ball loslassen.

Im Spiel ist es wichtig, immer in Bewegung zu sein, Räume zu öffnen und sich seinen Mitspielern als Anspielstation anzubieten.

Teamwork

Fußball ist ein Mannschaftssport. Ob dein Team gerade angreift oder verteidigt – jeder Spieler hat bestimmte Aufgaben und muss sie erfüllen. Wenn ihr euch in den Dienst der Mannschaft stellt und füreinander kämpft, habt ihr gute Siegchancen.

1 DREIECKE

Die Bildung von Dreiecken ist für das Kombinationsspiel wichtig. Während eines Spiels hat man so immer einfache Anspielmöglichkeiten. Riskante Dribblings, Finten oder lange Pässe sind dann überflüssig.

Die Verteidigerin kann nur einen Passweg zustellen. Ein Mitspieler steht immer frei und ist anspielbar.

„BEWEGE dich viel während des Spiels und öffne freie *Räume*. Für deine Mitspieler ist es einfacher, dich mit einem **PASS** anzuspielen, wenn du nicht gedeckt bist.**"**

Auch das Passen übst du immer beidfüßig. Das erhöht deine Möglichkeiten und macht dich für deine Gegenspieler unberechenbarer, weil sie nicht wissen, wohin du abspielst.

2 PASSEN UND LAUFEN

Wenn du den Ball führst, schaust du immer, wohin deine Mitspieler laufen. Wer rechtzeitig auf sich aufmerksam macht, erhält den Ball in den Lauf gepasst oder in den freien Raum vor sich.

KOMBINATIONSSPIEL 10

Diese Übung stärkt euer **Zusammenspiel**. Dazu solltet ihr mindestens zu zehnt sein, pro Team fünf Spieler. Jedes Team wählt einen Zielspieler (Z) und einen Randspieler (R). Die Zielspieler befinden sich in den beiden Endzonen und die Randspieler bewegen sich nur entlang der Seitenlinien. Es geht darum, den Ball gegen den Widerstand der gegnerischen Spieler zum Zielspieler zu passen. Wenn er den Ball in der Endzone erhält, ist ein Punkt gewonnen. Die Mannschaft, die nicht den Ball führt, versucht diesen zu erobern. Wenn ein Spieler den Ball zweimal hintereinander berührt hat, muss er abspielen.

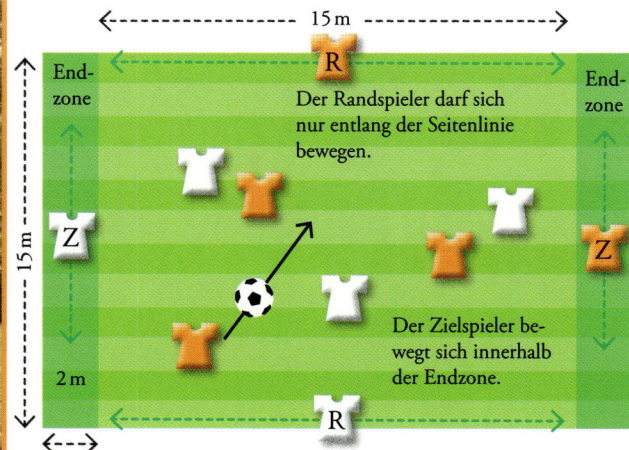

ÜBUNGSZIELE
• Kombinieren • Passgenauigkeit • Verständigung
• Ballannahme • Gegner decken

Spiel-systeme

Jedes Team hat ein bestimmtes Spiel-system, in dem jeder Spieler eine feste Position hat. Du darfst also nicht ein-fach dem Ball hinterherlaufen, sondern musst dich auf dem Rasen so bewegen, wie es deiner Position entspricht.

Position halten

In einem Spielsystem muss jeder Spieler seine Position halten und festgelegte Aufgaben erfüllen. Wenn das klappt, hat es der Gegner schwer. Aber wenn Lücken im System entstehen, gibt es Probleme.

VERSCHIEDENE SPIELSYSTEME

4-4-2 Dieses ausgewogene System baut auf eine solide Abwehr mit einem starken Mittelfeld.

Die Viererkette bildet eine starke Abwehr.

Flügel-spieler verlagern das Spiel in die Breite.

Zwei Stürmer erarbeiten gute Angriffschancen.

Zentrale Mittelfeldspieler überbrücken den Raum zwischen Abwehr und Angriff.

4-3-3 Diese Formation setzt verstärkt auf An-griff. Das Mittelfeld verbindet Abwehr und Angriff.

Die Außenverteidiger gehen oft mit nach vorn.

Das Mittel-feldtrio spielt meist im Zent-rum und weicht nicht so oft auf die Flügel aus.

Außenstürmer reißen immer wieder Lücken nach vorn und helfen hinten mit aus.

ABKÜRZUNGEN: TH Torhüter • **AV** Außenverteidiger • **IV** Innenverteidiger • **OV** Offensivverteidiger • **DM** Defensiver

Weil die Spielerin ihre Position verlässt und dem Ball folgt, entsteht ein freier Raum, den der Gegner nutzt.

4-2-3-1
Das moderne System mit guten Angriffsmöglichkeiten und starker Abwehr ist flexibel.

Zwei Mittelfeldspieler (Doppelsechs) sind vor der Viererkette positioniert. Einer ist meist defensiv, der andere eher offensiv ausgerichtet.

Die Flügelspieler agieren weiter vorgeschoben und ziehen dadurch die Abwehrkette des Gegners auseinander.

Der offensive Mittelfeldspieler verbindet das Mittelfeld mit dem Angriff.

Der Stürmer ist Anspielstation für die Flügelspieler und unterstützt das Mittelfeld.

5-3-2
Defensive Formation, die bei Unterstützung aber auch gute Angriffsmöglichkeiten bietet.

Der mittlere Innenverteidiger spielt hinter den beiden Manndeckern als Libero und kann sich auch am Spielaufbau beteiligen.

Die Offensivverteidiger bewegen sich zwischen Abwehr und Angriff auf den Außenbahnen.

Drei zentrale Mittelfeldspieler überbrücken das Mittelfeld und schalten von der Abwehr auf den Angriff um.

Der offensive Mittelfeldspieler ist viel unterwegs und reißt Lücken in die Abwehr.

Die Sturmspitze versucht den Ball zu halten und wartet auf Unterstützung durch das Mittelfeld.

Mittelfeldspieler • **ZM** Zentraler Mittelfeldspieler • **OM** Offensiver Mittelfeldspieler • **FS** Flügelspieler • **ST** Stürmer

47

3 FREISTOSS
In Strafraumnähe kannst du versuchen, einen direkten Freistoß im Tor unterzubringen. Allerdings bildet der Gegner im Abstand von 9,15 m eine Mauer, um deinen Schuss abzublocken.

Ruhender Ball

Bei Freistößen, Eckbällen und Strafstößen muss der Ball ruhig liegen, bevor er gespielt wird. Aus solchen Standardsituationen ergeben sich oft Torchancen, weil man sie gut vorbereiten und unbedrängt schießen kann.

Eckball

Ein Eckball wird gegeben, wenn der Ball die Torlinie außerhalb des Torraums überquert und die verteidigende Mannschaft ihn zuletzt berührt hat. Der Eckball wird aus dem Viertelkreis bei der Eckfahne geschlagen. Eine gute Chance für ein Kopfballtor!

Du könntest den Freistoß in den oberen Torwinkel hinter der Mauer schießen. Dazu musst du aber den Ball über die Mauer heben und ihn unter die Latte setzen.

2 STRAFSTOSS

Ein Strafstoß wird gegeben, wenn ein Verteidiger einen Angreifer im eigenen Strafraum foult oder den Ball mit der Hand spielt. Ziele flach aufs rechte oder linke untere Toreck!

Der Torhüter dirigiert die Abwehrmauer so, dass sie einen Teil des Tors deckt. Der größte Verteidiger steht in der Mauer außen.

Eine andere Möglichkeit wäre es, den Ball an der Mauer vorbei in den oberen Winkel der Torhüterecke zu zirkeln. Da musst du aber ganz genau zielen!

1 EINWURF

Einen Einwurf gibt es, wenn der Ball die Seitenlinie überquert. Der Ball muss korrekt eingeworfen werden, sonst darf es die andere Mannschaft versuchen.

1. Beide Füße bleiben auf dem Boden und befinden sich hinter der Linie. Führe den Ball mit beiden Händen über den Kopf nach hinten.

AUSHOLEN

2. Nun wirfst du den Ball mit beiden Händen von hinten über den Kopf nach vorn zu einem frei stehenden Mitspieler.

WERFEN

1 DEN BALL ZURÜCKZIEHEN

Du täuschst den Gegenspieler mit einem Trick und änderst die Laufrichtung. Der Bewegungsablauf muss geübt werden, bis er flüssig ist.

1. Du tust so, als ob du schießen oder einen Pass spielen willst.

TÄUSCHEN

2. Im letzten Moment setzt du jedoch die Fußsohle auf den Ball und ziehst ihn zu dir zurück.

ZURÜCK

3. Mit demselben Fuß bewegst du den Ball in eine andere Richtung – und ab geht die Post!

UND AB!

Tricks und Finten

Fußball ist an und für sich ein einfaches Spiel. Manchmal ist es aber erforderlich, den Gegner mit einer List zu überraschen. Hier einige Tricks, die du schnell lernen und bald anwenden kannst.

Schlicht oder trickreich?

Die Kunst besteht nicht darin, einen Trick möglichst gut zu beherrschen, sondern zu wissen, wann er anzuwenden ist. Meist ist es besser, einen einfachen Pass zu spielen, statt mit einem raffinierten Trick glänzen zu wollen.

2 ÜBERSTEIGER

Diese Technik ähnelt dem auf Seite 23 beschriebenen Antäuschen. Um deine Laufrichtung zu ändern, schwingst du jetzt aber den Fuß über den Ball.

1. Mit dem Oberkörper deutest du eine Bewegung nach links an und tust so, als ob du den Ball mit dem Außenspann des linken Fußes nach links spielen wolltest.

3 DIE CRUYFF–WENDE

Der Trick wurde von Johan Cruyff in den 1970er-Jahren erstmals gezeigt. Er eignet sich super dafür, die Richtung zu ändern und den Gegenspieler abzuschütteln.

1. Du dribbelst und setzt dein Standbein seitlich etwas vor den Ball. Mit dem Schussbein täuschst du einen Pass oder einen Schuss an.

2. Du schießt aber nicht, sondern rollst den Ball mit der Innenseite des Schussbeins sanft hinter dem Standbein vorbei.

3. Nun drehst du dich um 180 Grad und dribbelst mit dem Ball in entgegengesetzter Richtung weiter. Dein Gegenspieler kann dir nur noch nachschauen …

2. Du führst den Fuß aber von innen nach außen über den Ball, ohne diesen zu berühren.

3. Jetzt spielst du den Ball mit dem anderen Fuß in die entgegengesetzte Richtung – und dein Gegner hat das Nachsehen.

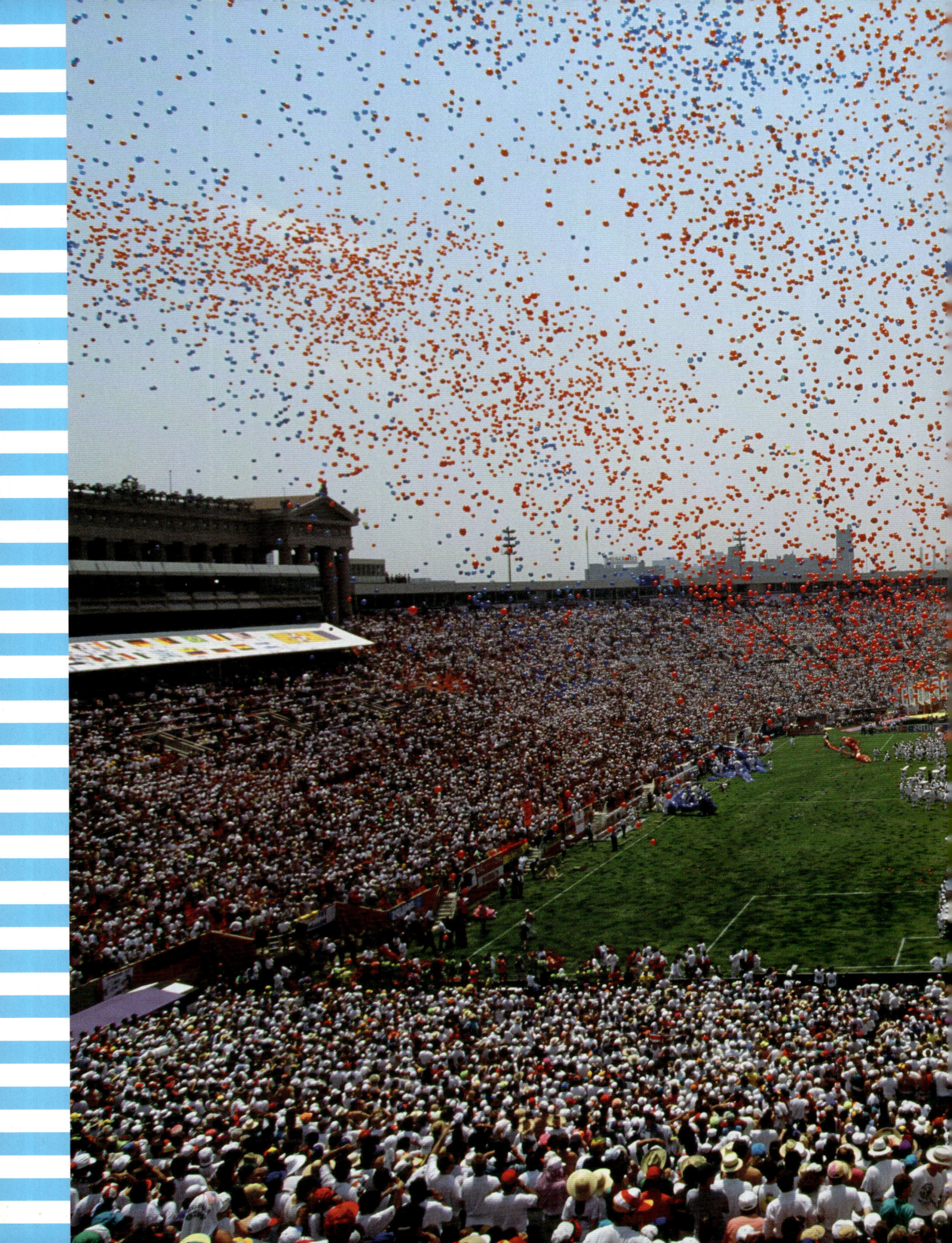

Welt des FUSSBALLS

FUßBALL ist auf der ganzen Welt populär und wird überall begeistert gespielt – in den Armenvierteln Afrikas ebenso wie an den Stränden Südamerikas oder auf den Bolzplätzen Europas. Der Fußball hat große Spieler hervorgebracht, die mit ihrem Können Millionen Fans begeistert haben. Gehörst du auch zu ihnen?

Alle spielen Fußball

Fußball ist ein rasanter und spannender Sport, der Spieler und Zuschauer begeistert. Aber das Schönste daran ist, dass man Fußball mit jedem, aber auch allein und fast überall spielen kann. Alles, was man braucht, ist etwas Platz und einen Ball!

Diese Kinder in Timor-Leste vergnügen sich beim Fußballspiel, egal wie nass und matschig der Untergrund auch ist.

Pullover als Torpfosten

Fußball wird rund um den Erdball gespielt. Überall, wo es Platz und einen Ball gibt, spielen die Kinder – in ruhigen Straßen und Hinterhöfen, auf Wiesen oder in Parks. Hier findest du einige geeignete Spiele, die du mit Freunden überall ausprobieren kannst:

FUSSBALL AUF DER STRASSE

Cubbies

Ein Spieler steht im einzigen Tor. Die anderen bilden Zweierteams. Jedes Team spielt gegen jedes andere. Wer ein Tor erzielt, kommt in die nächste Runde, wer in der Runde nicht trifft, scheidet aus. Sieger ist das Team, das bis zuletzt übrig bleibt.

Drei und rein

Es können beliebig viele Spieler mitmachen. Einer ist der Torhüter. Die anderen spielen jeder gegen jeden. Wenn ein Feldspieler drei Tore erzielt hat, wechselt er ins Tor.

Kopf und Volley

Ein Spiel für mindestens drei Spieler, von denen einer der Torhüter ist. Tore dürfen nur mit dem Kopf oder per Volley erzielt werden.

EINE IDEALE UNTERLAGE
Du kannst deine Künste in einem Park, in dem Fußballspielen erlaubt ist, gut ausprobieren. Rasen ist eine ideale Unterlage: trittfest, aber gepolstert.

STRASSENFUSSBALL
Auf den Straßen spielen Kinder jeden Alters und aus allen sozialen Schichten. Viele berühmte Spieler haben ihre ersten Erfahrungen beim Straßenfußball gesammelt.

Viele Kinder können sich keine Fußballschuhe leisten und spielen in Straßenschuhen oder barfuß.

Mit dem Freestyle-Fußball kannst du dein Ballgefühl, deine Ballkontrolle und Geschicklichkeit verbessern. Du jonglierst den Ball, indem du ihn z. B. häufig hintereinander in die Luft kickst, ohne ihn auf dem Boden aufspringen zu lassen. Du darfst den Ball mit allen Körperteilen berühren, jedoch nicht mit den Händen und Armen.

BALLKONTROLLE
Freestyle-Fußballer müssen sehr viel üben. Sie brauchen viel Ballgefühl, um den Ball zu jonglieren.

Daniel de Vries
aus den Niederlanden

Rickard Sjolander
aus Schweden

BALANCE
Wenn du die Freestyle-Tricks trainierst, verbessert sich auch deine allgemeine fußballerische Technik. Man braucht viel Konzentration, eine gute Koordination der Bewegungsabläufe und sichere Körperbalance, um die akrobatischen Übungen auszuführen.

AKROBATIK
Freestyle-Fußballer treten bei Turnieren gegeneinander an und zeigen ihre raffinierten Tricks.

Jovanny Gonzalez
aus Mexiko

Futsal

Futsal ist die offizielle FIFA-Variante des Hallen-
fußballs und wurde 1930 in Uruguay erfunden
und in Brasilien weiterentwickelt. Das
Spiel verbreitete sich rasch weltweit. Es ist
schnell und mitreißend und verlangt gutes
Ballgefühl, hohe Präzision
und schnelles Denken.

Jedes Team kann pro Halb-
zeit eine Auszeit nehmen,
um seine Taktik zu
besprechen.

*Wie beim normalen Fußball
tragen die Spieler Trikots
und Schienbeinschoner.*

Futsalfertigkeiten
Futsal fördert die technischen Fertigkeiten der Spieler. Das kleinere Spielfeld und der sprungreduzierte Ball
verlangen in allem große Genauigkeit.
Passspiel, Stellungsspiel, Schnelligkeit,
Entscheidungsfähigkeit und Ballannahme müssen trainiert werden,
bevor man ein guter Futsalspieler wird.

*Die Schuhe müssen aus
Segeltuch oder weichem
Leder sein und
Gummisohlen haben.*

Der Ball

Der Futsalball ist kleiner und schwerer als ein normaler Fußball. Weil der Ball nicht so hoch abspringt, wird er von den Spielern flach gehalten.

Futsalball   Fußball

„Futsal ist schnell und erfordert hohes **TECHNISCHES KÖNNEN.** *Die Spieler sind* **doppelt so oft** *am Ball wie bei anderen Hallenfußball-Varianten.„*

Futsalregeln

Ein Spiel geht über zweimal 20 Minuten. Jedes Team besteht aus fünf Spielern. Pro Team dürfen bis zu sieben Ersatzspieler unbegrenzt oft im fliegenden Wechsel eingesetzt werden. Es gibt kein Abseits. Grätschen ist verboten.

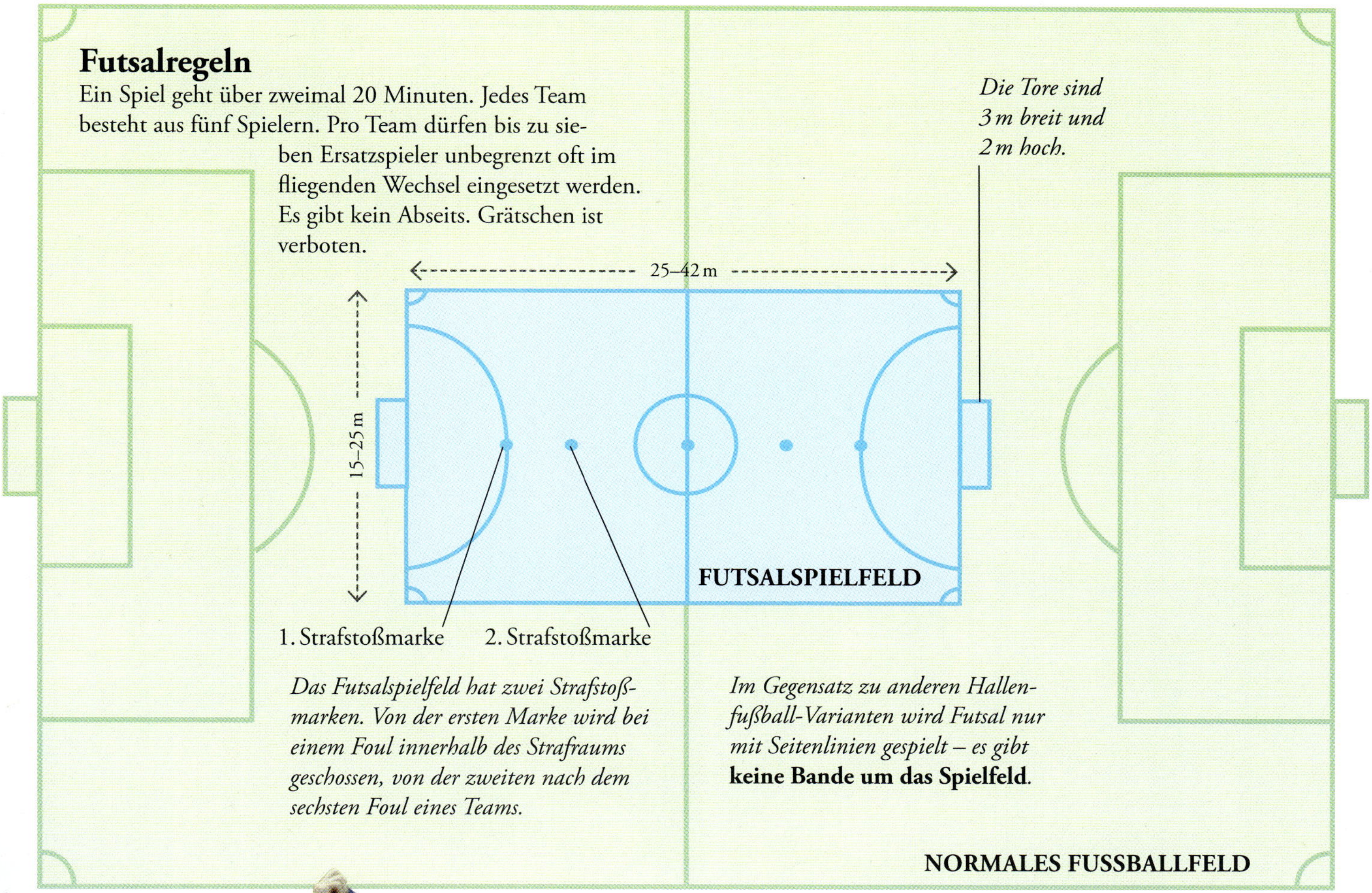

Die Tore sind 3 m breit und 2 m hoch.

25–42 m

15–25 m

FUTSALSPIELFELD

1. Strafstoßmarke   2. Strafstoßmarke

Das Futsalspielfeld hat zwei Strafstoß-marken. Von der ersten Marke wird bei einem Foul innerhalb des Strafraums geschossen, von der zweiten nach dem sechsten Foul eines Teams.

Im Gegensatz zu anderen Hallen-fußball-Varianten wird Futsal nur mit Seitenlinien gespielt – es gibt **keine Bande um das Spielfeld***.*

NORMALES FUSSBALLFELD

Weltmeister!

Bisher wurden sechs Futsalweltmeisterschaften aus-getragen – die erste fand 1989 in Rotterdam (Nieder-lande) statt. Nur zwei Länder haben die Trophäe bisher gewonnen: Brasilien (4 Titel) und Spanien (2 Titel).

Ungewöhnliche Lage

Für Futsal benötigt man nicht viel Platz. Dieses Spiel-feld befindet sich auf dem Dach eines Hochhauses in Tokio (Japan).

ZSKA Moskau
(Russland)

AC Mailand
(Italien)

Real Madrid
(Spanien)

Bayern München
(Deutschland)

Fußball-wettbewerbe

Der Traum jedes Fußballspielers ist es, einmal bei den großen nationalen und internationalen Wettbewerben dabei zu sein.

Die Weltmeisterschaft

Die Fußballweltmeisterschaft ist eines der größten Sportereignisse weltweit. Weltmeister zu werden ist das höchste Ziel für jeden Fußballer und alle träumen davon, den Pokal einmal in den Händen zu halten.

Die Weltmeisterschaft wird alle vier Jahre ausgetragen und findet immer in einem anderen Land statt. Der Gastgeber nimmt automatisch teil, die anderen Länder müssen sich qualifizieren. 32 Teams spielen dann die Endrunde in acht Gruppen zu je vier Teams. Die zwei ersten Mannschaften jeder Gruppe erreichen die K.-o.-Runden, bei denen im Finale schließlich der Weltmeister ermittelt wird.

Der aktuelle WM-Pokal wurde von dem Italiener Silvio Gazzaniga entworfen und wird seit 1974 dem Weltmeister überreicht. Er ist 36,8 cm hoch, besteht aus 18-karätigem Gold und wiegt knapp 6,2 kg.

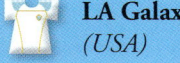

LA Galaxy
(USA)

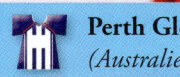

Perth Glory
(Australien)

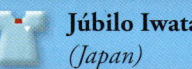

Júbilo Iwata
(Japan)

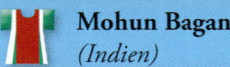

Mohun Bagan
(Indien)

Shamrock Rovers
(Irland)

Manchester United
(England)

Liaoning Hongyun
(China)

Colo Colo
(Chile)

Kicken um die Goldmedaille

Seit 1908 ist Fußball auch eine olympische Sportart. Nur 1932 war Fußball nicht Teil des olympischen Programms. Auch Profifußballspieler dürfen teilnehmen, solange sie noch nicht 23 Jahre alt sind.

Konföderationen-Pokal

Dieser Wettbewerb wird alle vier Jahre ausgespielt und gilt als Generalprobe für die nächste WM. Gastgeber ist das Land, in dem die WM im darauffolgenden Jahr stattfinden wird. Der Gastgeber, der amtierende Weltmeister und die Meister der sechs Kontinentalverbände nehmen teil.

Südafrika, der Gastgeber der WM 2010, veranstaltete 2009 den Konföderationen-Pokal.

Kontinentale Meisterschaften

Jeder Kontinentalverband der FIFA trägt eine eigene Meisterschaft aus. Die zugehörigen Länder müssen sich für dieses Turnier qualifizieren. Wie bei der WM ist der Gastgeber automatisch dabei. Die Turniere heißen: **Asienmeisterschaft** (Asien), **Europameisterschaft** (Europa), **Copa América** (Südamerika), **Afrikameisterschaft** (Afrika), **Gold Cup** (Nord- und Mittelamerika), **Ozeanienmeisterschaft** (Ozeanien).

Szene aus einem Spiel Japan gegen Bahrain bei der Asienmeisterschaft

Nationale Ligen und Fußballklubs

In jedem Land gibt es ein nach Spielstärke gestaffeltes System von Spielklassen, in denen die Teams gegeneinander antreten. Profiligen umfassen 10 bis 24 Teams. Eine Spielsaison kann bis zu 10 Monate dauern.

> „Die großen Fußballklubs sind meist in Städten zu Hause. Die *Rivalitäten* zwischen Teams aus ein und derselben Stadt sind oft besonders ausgeprägt."

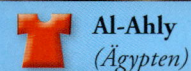

Al-Ahly
(Ägypten)

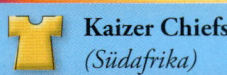

Kaizer Chiefs
(Südafrika)

Flamengo
(Brasilien)

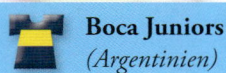

Boca Juniors
(Argentinien)

59

Berühmte Spieler

Immer wieder wird die Frage nach dem besten Spieler aller Zeiten gestellt. Hier zeigen wir dir einige der berühmtesten und erfolgreichsten Fußballer, aber du hast bestimmt deinen eigenen ganz persönlichen Lieblingsspieler.

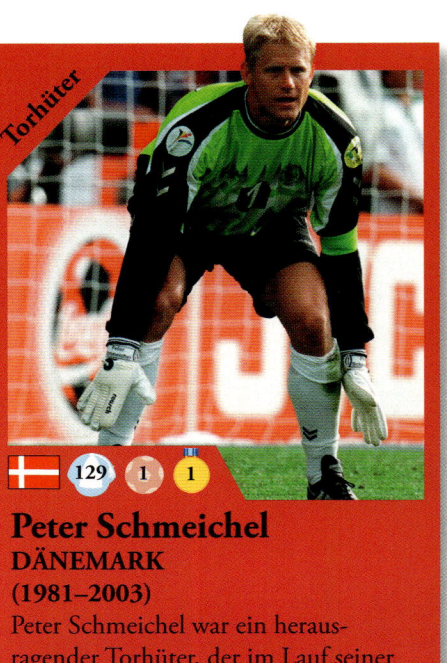

Torhüter

🇩🇰 129 | 1 | 1

Peter Schmeichel
DÄNEMARK
(1981–2003)
Peter Schmeichel war ein herausragender Torhüter, der im Lauf seiner Karriere als Keeper auch 11 Tore erzielte, eines davon im Jahr 2000 in einem Spiel gegen Belgien.

Verteidiger

🇺🇾 45 | 9 | 2

Obdulio Varela
URUGUAY
(1936–1955)
Obdulio Varela war Kapitän der Weltmeisterelf Uruguays im Jahr 1950. Als Stratege und Lenker der Mannschaft trug er den Spitznamen „Schwarzer Sheriff".

Verteidiger

🇮🇹 126 | 7 | 0

Paolo Maldini
ITALIEN
(1985–2009)
Paolo Maldini wurde „Il Capitano" genannt und führte das italienische Team 74-mal als Kapitän aufs Feld. Er spielte während seiner gesamten Karriere (25 Spielzeiten) für den AC Mailand.

Verteidiger

🏴󠁧󠁢󠁥󠁮󠁧󠁿 108 | 2 | 1

Bobby Moore
ENGLAND
(1958–1978)
Bobby Moore erhob das Tackling zu einer Kunst und war ein großartiger Abwehrspieler. Er war Kapitän des Teams, das 1966 den bisher einzigen WM-Titel für England holte.

Verteidiger

🇩🇪 103 | 14 | 2

Franz Beckenbauer
DEUTSCHLAND
(1964–1983)
„Der Kaiser" spielte bei drei Weltmeisterschaften und wurde mit seinem Team 1966 Vizeweltmeister, 1970 Dritter und 1974 Weltmeister. 1990 holte er auch als Trainer den WM-Titel.

Mittelfeld

🇫🇷 108 | 31 | 2

Zinédine Zidane
FRANKREICH
(1988–2006)
Zinédine Zidane war ein glänzender Fußballer. Seine Finessen und seine Übersicht als Spielmacher verhalfen Frankreich zu einem Europameister- und einem Weltmeistertitel.

Mittelfeld

🏴󠁧󠁢󠁮󠁩󠁲󠁿 37 9 0

George Best
NORDIRLAND
(1963–1984)

George Best war einer der berühmten Spieler, denen mit ihrem Nationalteam kein großer Turniersieg gelang. Er spielte viele Jahre als Flügelstürmer für Manchester United und gewann u. a. den Europapokal der Landesmeister.

Mittelfeld

🇳🇱 48 33 0

Johan Cruyff
NIEDERLANDE
(1964–1984)

Johan Cruyff war bekannt für seine brillante Technik. Er gehörte zum großen niederländischen Team der 1970er-Jahre, das mit seinem „totalen Fußball" legendär wurde.

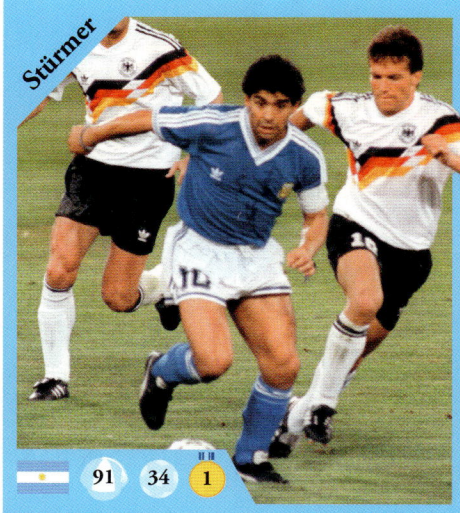

Stürmer

🇦🇷 91 34 1

Diego Maradona
ARGENTINIEN
(1976–1997)

Maradona war ein fantastischer Dribbler und erzielte 1986 das „WM-Tor des Jahrhunderts". Zuvor hatte er ein Tor mit der Hand erzielt, von dem er später behauptete, die „Hand Gottes" sei dabei im Spiel gewesen.

Stürmer

🇺🇸 275 158 2

Mia Hamm
USA
(1989–2004)

Mia Hamm war eine der besten Spielerinnen in der Geschichte des Frauenfußballs und hält mit 158 Länderspieltoren den Rekord. Die bislang erfolgreichste deutsche Spielerin war Brigit Prinz. Sie gewann zweimal die WM und fünfmal die EM und beendete ihre Karriere 2011.

Pelé
Stürmer

BRASILIEN
(1956–1977)

Pelé (eigentlich Edison Arantes do Nascimento) gilt als größter Fußballer und Torjäger aller Zeiten. In seiner Profikarriere schoss er über 1000 Tore.

🇧🇷 92 77 3

LEGENDE ⬆ Nationalelf-Spiele ⚪ Nationalelf-Tore 🟡 Titel mit Nationalelf

Glossar

Abpraller Wenn ein Schuss oder Kopfball vom Torhüter, von den Pfosten, der Latte oder einem Feldspieler vor die Füße eines anderen springt.

abschirmen Den Gegenspieler daran hindern, an den Ball zu kommen, indem man sich zwischen Gegner und Ball positioniert.

Auswärtstrikot Die Spielkleidung, die das Gästeteam bei einem Auswärtsspiel trägt, damit es von der Heimmannschaft gut unterschieden werden kann.

Ausweichtrikot Wird getragen, wenn sich Auswärtstrikot und Heimtrikot des Gästeteams nicht ausreichend vom Heimtrikot des Gastgebers unterscheiden.

Ball fordern Zurufe an den ballführenden Mitspieler. Dadurch weiß dieser, wer anspielbereit ist.

Beweglichkeit Die Fähigkeit zu einer wendigen, eleganten und flexiblen Spielweise.

decken Den Gegenspieler bewachen, damit er nicht in Ballbesitz kommt.

Eins-gegen-eins Spielsituation, in der ein Angreifer nur einen Gegenspieler oder nur noch den Torhüter vor sich hat.

Gästeteam Die Mannschaft, die zu einem Auswärtsspiel in eine andere Stadt oder ein anderes Stadion reist.

Gastgeber Veranstalter eines Turniers im eigenen Land oder Stadion.

Gegner Das Team, gegen das die eigene Mannschaft spielt.

Gelbe Karte Für unsportliches Verhalten oder Protestieren kann der Schiedsrichter einen Spieler mit der Gelben Karte verwarnen. Bei der zweiten Gelben Karte muss der Spieler vom Platz.

Heimmannschaft So wird das Team bezeichnet, das im eigenen Stadion spielt.

Heimtrikot Das ist die Spielkleidung, die das Heimteam bei Heimspielen trägt.

K.-o.-System Turnierform, bei der das Verliererteam aus dem Wettbewerb scheidet, während das Siegerteam in die nächste Runde kommt.

kurzer Pfosten Torpfosten, der sich näher beim Schützen befindet.

langer Pfosten Der vom Schützen entferntere Torpfosten.

Mitspieler Spieler des eigenen Teams.

Notbremse Ein Foul als letztes Mittel, um eine offensichtliche Torchance zu verhindern. Wird mit der Roten Karte bestraft.

Offizielle So werden der Schiedsrichter, die Schiedsrichterassistenten und der vierte Offizielle bezeichnet. Die Entscheidungen trifft nur der Schiedsrichter.

Pass Direktes Zuspiel zu einem Mitspieler.

Pressing Der Gegner wird dabei frühzeitig unter Druck gesetzt, um ihm den Ball abzunehmen und die Passwege zuzustellen.

Querlatte Der Teil des Tors, der die beiden Pfosten verbindet.

Raumdeckung Ein Abwehrspieler ist nicht für einen bestimmten Angreifer zuständig, dem er überallhin folgt, sondern er verteidigt einen festen Bereich des Spielfelds. Jeder Angreifer, der dort auftaucht, wird von ihm bekämpft.

Rote Karte Wenn ein Spieler ein sehr schweres Foul oder eine Tätlichkeit begangen hat, bestraft ihn der Schiedsrichter mit der Roten Karte. Der Spieler muss dann den Platz verlassen und darf nicht ersetzt werden. Auch zwei Gelbe Karten in einem Spiel bedeuten Platzverweis.

ruhender Ball Vor einem Freistoß, Eckball, Strafstoß oder Anstoß muss der Ball ruhig liegen. Aus solchen Standardsituationen entstehen oft Torchancen, weil man unbehindert schießen und die Aktion gut vorbereiten kann.

Schussbein Das Bein, mit dem ein Spieler zum Schießen ausholt und den Ball stößt.

Spann Oberer Teil des Fußes (der Bereich, wo sich die Schnürsenkel befinden). Der Vollspann wird für harte und weite Schüsse benutzt.

Spielmacher Kreativer Spieler, der für den Spielaufbau sorgt, gute Ideen hat und die Bälle verteilt. Spielmacher agieren meist im offensiven Mittelfeld.

Spielsystem Grundform der Mannschaftsaufstellung. Das Spielsystem legt fest, wie viele Spieler in der Abwehr, im Mittelfeld und im Angriff spielen.

Spielzeit Dauer eines Fußballspiels. Die Spielzeit beträgt zweimal 45 Minuten. Spielunterbrechungen werden am Ende jeder Halbzeit nachgespielt.

Standbein Das Bein, das beim Schießen fest auf dem Boden steht.

stoppen Den über den Boden rollenden oder durch die Luft fliegenden Ball kontrolliert anhalten, sodass er weitergespielt werden kann.

Tackling Angriff eines Spielers auf den Ball. Meist grätscht ein Abwehrspieler von der Seite nach dem Ball, um ihn dem Angreifer vom Fuß zu spitzeln. Er

muss in jedem Fall zuerst den Ball treffen. Tacklings von hinten sind verboten.

Taktik Geplantes Vorgehen einer Mannschaft, um zu siegen. Mannschaftsaufstellung, Spielsystem und Anweisungen des Trainers lassen die Taktik deutlich werden.

Tätlichkeit Gewalttätiger Angriff in Form von Schlägen oder Tritten. Wird mit der Roten Karte bestraft.

Torpfosten Die beiden senkrechten Teile des Torgehäuses, die durch die Querlatte verbunden sind.

Torschuss Ein gezielter Stoß auf das Tor mit der Absicht, einen Treffer zu erzielen.

Totaler Fußball Der Begriff entstand in den 1970er-Jahren und bezeichnete die Spielweise der niederländischen Fußballnationalmannschaft. Ein Spielsystem, bei dem jeder Spieler auf jeder Position spielte.

unhaltbar Ein Torschuss, der vom Torhüter nicht abgewehrt werden kann, weil er zu hart und zu platziert ist.

vielseitig Ein Spieler, der auf den unterschiedlichsten Positionen eingesetzt werden kann.

Volley Ein Schuss, bei dem der Ball aus der Luft genommen wird, bevor er den Boden berührt.

Weltfußballer des Jahres Diese Auszeichnung wird dem besten Spieler einer Saison verliehen. Die Entscheidung darüber trifft der Weltfußballverband FIFA.

SEITENWECHSEL!
Ist zu hören, wenn ein Mitspieler verlangt, den Ball von einem Flügel auf den anderen zu spielen.

ZEIT!
Ruft man, wenn ein Mitspieler, der den Ball erhält, genügend Zeit hat, um diesen zu kontrollieren und wieder abzuspielen.

RAUS MIT DEM BALL!
Rufen sich Spieler zu, wenn Gefahr im Strafraum besteht und der Ball ins Aus befördert werden soll – auch wenn dies zu einer Ecke oder einem Einwurf führt. So kann sich das Team wieder neu formieren.

HINTERMANN!
Damit wird ein Mitspieler davor gewarnt, dass sich ihm ein gegnerischer Spieler von hinten nähert und ihm den Ball abnehmen will.

AUFRÜCKEN!
Wird vom Abwehrchef gerufen, damit die Viererkette nach vorn aufrückt, um einen Angreifer ins Abseits zu stellen.

STEIL!
Aufforderung eines Teamkameraden an den ballführenden Spieler, den Ball nach vorn in den Raum und den Laufweg des rufenden Mitspielers zu passen. Steilpässe machen das Spiel schnell.

Register

Dank
Der Verlag dankt Carrie Love und Lorrie Mack für
die Lektoratsassistenz, Lauren Rosier und Poppy
Joslin für die Hilfe bei der Gestaltung, Rob Nunn
für Unterstützung bei der Bildrecherche, der
Cavendish School und Richard Woodard für die
Genehmigung zur Benutzung der Spielfelder, außer-
dem den fantastischen Models: Mark Berg, Thomas
Carson, Sam Bailey, Justin Fields, Jack Stevens, Jor-
dan Rogers, Richa Patel, Stephanie Collier, Georgia
Zambardi, Phoebe Boyd, Katie Kay und Savannah
Francis-Christie.

Bildnachweis
Der Verlag dankt den folgenden Personen und
Institutionen für die freundliche Genehmigung
zum Abdruck von Fotos:
(Abkürzungen: o = oben, go = ganz oben, u =
unten, m = Mitte, r = rechts, l = links)
Alamy Images: Stephan Zirwes/fStop 9. Corbis:
Matthew Ashton/AMA 8gor, 57ur, 58-59;
Bettmann 60ul; Nic Botha/EPA 55ur, 55mr,
55mro, 59gor; Philippe Caron/Sygma 52-53;
Mario Cruz/EPA 56l; DPA/EPA 61ur; Greg Fiume
61ml; Hulton-Deutsch Collection 10ul; Tibor
Illyes/EPA 57ul; Frank Kleefeldt/DPA/EPA 61gor;
Christian Liewig/Tempsport 10ur; David Madison
10-11; Ocean 4-5, 12l; Omega Fotocronache/
DPA/EPA 60mro; Olivier Prevosto/TempSport
60mru; Gerard Rancinan/Pierre Perrin/Sygma
11ul; Christine Schneider/Zefa 6ul; Kris Timken/
Blend Images 16-17; David Turnley 55ml; Werek/
DPA/EPA 60mu; Heinz Wieseler/DPA/EPA
61gom. Dorling Kindersley: Mitre 7gom. Dream-
stime.com: Elnur Amikishiyev 7mru; Chris Hill
8ml; Ruben Paz 13ml; Phartisan 7um, 7ur. fotolia:
Damelio 7mr; Jose Manuel Gelpi 7mlo; IvicaNS
7gol (2 x). Getty Images: AFP Photo/Adam Jan
59ul; AFP Photo/Greg Wood 32ur; AFP Photo/
HO 60mo; AFP Photo/Javier Soriano 58mlu; AFP
Photo/Liu Jin 25ul; AFP Photo/Michael Urban
27gol; Bongarts 56mr; Andre Chaco/FotoArena/
LatinContent 12mr; Thomas Eisenhuth/Bongarts
56gol; Gallo Images/Danita Delimont 54-55; Gallo
Images/Max Paddler 8u; Richard Heathcote 13gor;
Anja Heinemann/Bongarts 7gor; Chris McGrath
22gor; Tertius Pickard/Gallo Images 11ur; Popper-
foto 60mlo; Riser/Siri Sta. ord 55gol; Quinn Roo-
ney/FIFA 35ur; Clive Rose 29gor; Taxi/Anthony
Marsland 59mr; Bob Thomas 61gol; Tobias Titz
48mo. Clare Marshall: Nike 7mu.

Umschlagfoto vorn: © Getty Images: Thomas
Barwick

Alle anderen Abbildungen © Dorling Kindersley
Weitere Informationen unter www.dkimages.com